［たった1つの方程式］

一生お金で悩まない

＝

潜在意識を変える

×

自分を愛する

本書では、あなたにその方程式の実践方法をお伝えしていこうと思います。
もしかするとタイトルから想起する内容が、さまざまな「お金とメンタルの方程式」が書かれている本だと思われたかもしれません。
ただし、本書で言う方程式とは１つの式のみです。

そう、たった１つだけ、心に刻んでください。

詳しくは本書を読んでいただければ、誰でも実践できます。
「イメージ」「行動」「実用」というコンセプトのもとに26のＷＯＲＫをこなせば、あなたのメンタルブロックが外れ、体中にパワーがみなぎり、「お金に愛される」ようになっていくでしょう。

yurie

Learning to Attract Wealth and Happiness

お金《かね》とメンタルの方《ほう》程《てい》式《しき》

yurie《ゆりえ》

CROSSMEDIA PUBLISHING

〈プロローグ〉

お金の悩みは、心が生む

お金の悩みはメンタルで解決できる

お金で悩む日々から解放され、もっと自分らしい人生を送りたい。

本書は、そんな思いを抱くあなたに向けて書かれたものです。お金のためにいやいや働くのではなく、自分がやりたくてワクワクする仕事で収入を得る。日々の節約に頭を悩ませることなく、安心安全でおいしいものを食べ、好きな衣服や家具に囲まれて暮らす。あなたにそのような人生を送っていただきたいと考えています。

「そんな夢のような生活を送るには宝くじに当たるしかない」

多くの人はそう思われるかもしれません。

しかし、宝くじに当たらなくても、心の持ち方を変えれば豊かな人生を送ることができます。メンタルを改善すれば、あなたはお金の悩みから解放されることができます。

私たちはお金の悩みを「自分ではない何か」のせいにしてしまいがちです。

「お金がないのは会社の給料が少ないせいだ！」

「景気が悪いから転職なんてできない！」

あなたはそんな風に思っていませんか？

会社のせい、家族や他人のせい、社会や育った環境のせい。あなたは外部の何かに自分の悩みの責任を押しつけてはいないでしょうか。それこそが、あなたのメンタルが作り出している「幻想」なのです。

今の会社に入ると決めたのはあなたです。転職する余裕がなかったり、時間がなかったりするのは、あなたがそのような生活を選んだからです。

身分が固定されていた昔とは違い、現代の社会ではお金の悩みから解放される道はたくさんあります。会社を辞めてもっと給料のいい仕事を探すこともできます。子育てや家事をしながらスキルを身につけて稼ぐ方法を見つけることもできます。しかし、多くの人はそういう道を選ぼうとしません。

いろいろな可能性があるにもかかわらず、**お金がないという状態にとどまっているのは、あなたが「その状態にいたい」というメンタルを持っているからなのです。**あなたは「お金がない状態」「お金に困っている自分」を心地よく思ってしまっているのです。

あなたのお金の悩みを解消するには、まずそのようなメンタルを変えることが必要です。貧しさを引き寄せてしまうような、メンタルにこびりついたクセやサビをはがしとらなければいけません。そして日常の思考や行動を変えて、お金に愛されるようにメンタルを鍛えていくことが大切です。

メンタルが重要なワケ

私は幼少期からスピリチュアルな感覚を持っていました。周りの大人たちの心にある望みや悩みを直観で理解できる子どもでした。結婚・出産を経てスキルや能力が開花し、今では「使命発見アドバイザー」として活動しています。これまで数千人の相談に乗り、人生の「使命」を見つけるためのお手伝いをしています。

ただ、使命を見つけるのは簡単ではありません。その前に克服すべきたくさんの課題があるのです。多くの人は家族や仕事、恋愛など日常のいろいろな課題で悩んでいて、人生の使命を発見するステージまで到達していないのです。そうした課題の中で、最も多いのがお金の悩みです。

私自身、まだスピリチュアルな目覚めが不十分だった２０１２年くらいまで、お金の悩みを抱えていました。

東京で独身ひとり暮らし。新卒で入社した会社の給料は手取り月23万円くらいでした。悪くないお給料だと思いますが、**なぜか銀行の口座にはいつもお金がありませんでした。**大した趣味があるわけでもなく、何に使ったわけではないのにあっという間にお金がなくなっていました。友人の結婚式が2件ある月はほぼ破産状態で、親にお金を貸してもらうこともありました。本当はおめでたいはずなのに、心の底から友人の結婚を喜べない自分がいました。

当時、私は「お金を持つことはよくないこと」だと思っていました。自分がたくさんのお金を持つなんて想像できないと潜在的に思い、**自分の可能性を信じられていなかったのです。**私はお金に愛されないメンタルを持っていたのです。

その後、スピリチュアルな世界で言われる「引き寄せの法則」を知ったことで人生は変わりました。自分のメンタルの改善を続けるうちに、退職した会社から未払いの残業代が振り込まれるなど、思いがけない臨時収入が舞い込むようになりました。

自分のスキルや能力にも自信が持てるようになり、子育てのブログを始めてそれがビジネスに発展しました。２０１９年2月よりYouTubeでの動画配信をスタートさせ、同じ年の12月にオンラインサロンを開始しました。みるみるうちにビジネスが大きくなって、経営する会社の収入は増えていき、私はお金の悩みから解放されました。

お金の悩みから解放されるというのは、一時的にたくさんのお金を手にすることとは違います。たとえ、あなたが大金を手にしたとしてもメンタルが前のままであれば、いつの間にかお金はなくなり、また元の貧しい状態に戻ってしまうでしょう。人生の長い期間、お金の悩みから解放され自由になるには、お金に愛されるためのメンタルを持つことが必要なのです。

あなたのメンタルは今から改善できる

本書ではお金に愛されるメンタルになるための具体的なワークをお伝えします。ワークに取り組むことで、あなたのメンタルは確実に変化していくでしょう。

あなたのメンタルには子どものころの家庭や学校での教育で受けた影響がこびりついています。そうしたものが長年積み重なって、あなたがお金から愛されないメンタルになってしまっているのです。本書のワークを通じて、メンタルにこびりついたサビのようなものを落としていきましょう。

ワークには頭の中でイメージしたり、毎日の行動や習慣を見直したり、いろいろな内容があります。一見するとお金とは関係がないように思えることでも、あなたのメンタルを変える効果が期待できます。メンタルが変われば、仕事や人間関係が変化していきます。数日では難しいですが、数カ月間も続ければ目に見える効果が実感できるでしょう。

ワークは独りでやっていただくものです。周りの家族や友人、同僚の意見に耳を傾けるのではなく、**あなた自身が「心の中の声」に向き合うのです。**

できれば落ち着いた環境と時間を用意して、心を内省できる機会を持ちましょう。焦ってはいけません。継続的にワークを進めていくと効果が得やすいです。

「人生はお金がすべてではない」という考え方もあります。もちろんその通りです。家族や友人関係、趣味などを充実させれば、お金がなくても幸せな人生を送ることができます。

ただ、お金の悩みがなくなれば、あなたの人生の自由度は高まります。お金のために好きでもない仕事をいやいや続けたり、やりたいことを我慢したりしなくてよくなります。心の底からワクワクすることに没頭できるようになります。あなたが人生で実現したい願望や使命のために、もっと労力と時間を注ぐことができるのです。

あなたが今、お金で頭を悩ませる日々を送っているとすれば、とてももったいないことです。メンタルを変えて、お金の悩みをなくし、自分自身のために使える時間を取り戻しましょう。お金のメンタルを整えることは、あなたらしい人生を送るスタートラインに立つことなのです。

本書は少し変わった本かもしれません。ふつうは貯蓄や投資といった観点から「お金」について考察されると思いますが、「メンタル」「スピリチュアル」という2つの視点からまとめた、ありそうでなかったユニークな構成になっています。

著者である私が自分で実践し、多くの人にアドバイスしてきた内容をまとめたのが本書です。お金に愛される権利は誰もが平等に持っています。ぜひあなたもその権利を実現し、新たな人生の道を歩いていきましょう。

お金とメンタルの方程式　目次

第二章 豊かさを阻む、負のメンタル

第三章 あなたのメンタルを変えるワーク〈基礎編〉

第四章　あなたのメンタルをもっと変えるワーク〈発展編〉

第五章 「お金に愛される人」になったあなたへ

〈お金とメンタルの方程式 ワーク一覧〉

第一章

お金とメンタルの関係

あなたのメンタルには2種類ある

「メンタル」という言葉は、一般的に「精神」や「心」など幅広い意味で使われています。例えば、「メンタルを病む」といえば、精神的な健康のバランスを崩してしまったり、うつ状態になってしまったりすることを指します。どちらかというと感情や気分を表す言葉としてメンタルは使われています。本書ではこうした意味ではなく、人間の思考や考え方、意識という意味で、メンタルという言葉を使用します。

人間の意識は大きく2種類あります。顕在意識と潜在意識です。

顕在意識とはあなたの頭の中に浮かぶ考えのことです。「おなかがすいた」といった生理的なものに加え、「本を読みたい」「新しい服がほしい」など、日常でのいろいろな思考が含まれます。一方で、潜在意識とは私たちが気づかない意識（無意識）のことです。心の奥に潜んでいて、ふだんは自覚することができません。

2つの意識はよく海に浮かんだ氷山で例えられます。氷山は海面に出ている部分が少ししかなく、全体の9割ほどが海面下に沈んでいるとされます。

私たちの顕在意識はこの海面に出た一部分にすぎません。水面下にある潜在意識の方がはるかに大きいのです。その大きな潜在意識が私たちの思考や価値観、人生に対して絶大な影響力を持っているのです。

あなたが会社で上司ともめるのも、夫婦でケンカばかりするのも、いつまでたってもダイエットがうまくいかないのも、すべて潜在意識というメンタルに原因があるのです。そして、あなたにお金の悩みが尽きないのも、この潜在意識のせいなのです。

では、潜在意識はどうやってつくられるのでしょうか？

生まれつき持っているものもありますが、多くの部分は私たちが小さいころから長い時間をかけてつくられていきます。

あなたは小さいころ、親に何と言われて育ちましたか？

もし「不器用だね」と言われ続けていれば、あなたは「自分が不器用だ」という潜在意識を持っているかもしれません。

もし「あなたはやればできる」「才能がある」など認めてもらう言葉を多くかけてもらっていれば、あなたには自分の可能性を信じられる潜在意識が備わっているでしょう。

お金の悩みにもこの潜在意識が深く関係しています。あなたは顕在意識では「お金持ちになりたい」と思っていても、潜在意識がそれを邪魔していることがあるのです。潜在意識では「お金持ちになるとロクなことがない」「お金は人間をダメにする」と思っているのです。あなたがお金持ちにならないように、潜在意識がブロックをかけてしまっているのです。

潜在意識の影響力は大きく、知らず知らずのうちにあなたの人生を動かし、縛っていきます。例えば、あなたが「お金はない方がいい」と潜在意識で思っているとします。すると、あなたは給料が安い仕事を選んだり、貯金がたまればすぐに使ってしまったりするのです。

頭では「お金がほしい」と考えているのに、それとは逆の行動をするので、あなたは混乱します。「なぜこんなことをしてしまったのだろう?」と悩み、つらい気持ちになってしまうのです。

もし顕在意識と潜在意識が同じ方向を向いていれば、このような悩みは生じません。まれにどちらの意識でも「お金はなくていい」と思っている人がいます。こうしたタイプの人は、お金の悩みとは無縁です。

「引き寄せの法則」というものがあります。みなさん、どこかで一度は耳にしたことがあると思います。潜在意識を書き換えて、あなたが日々、顕在意識で願う人生を実現するための法則です。スピリチュアルな用語として使われることが多いですが、「神頼み」のようなものではなく、心理学的な側面がある技術だと言えます。

潜在意識は私たちが気づかないだけに、とてもやっかいです。小さいころから身についたメンタルのクセやサビを落とすのは、専用のワークをやる必要があります。お金に対する正しいメンタルを手に入れて豊かな人生を送るためには、少しずつ顕在意識と潜在意識のギャップをなくしていかなければいけません。

お金の悩みがある人、ない人の特徴

お金の悩みがある人の多くは潜在意識で「お金が入ってくることが許せない」というメンタルのブロックを持っています。ただ、ほとんどの人は自分にそのようなブロックがあることを認識していません。自分の心の奥に潜む潜在意識に気づいていないからです。

これまで大勢の相談を受ける中で、そのようなブロックを持つ人に共通する特徴を見つけました。この特徴に当てはまる数が多ければ多いほど、潜在意識でお金のブロックを持っている可能性が高くなります。あなたがどれだけ当てはまっているかチェックしてみてください。

◆お金に対してブロックがある人の特徴

❶親がお金のグチや不満をよく言っていた
❷親のしつけが節約を重んじていた
❸ほしいものを買ってもらえなかった
❹家が貧しかった
❺お金について知りたいと思わない、興味がない
❻お金が貯まるという感覚がない
❼衝動的に大きなお金を使いたくなる
❽大きなお金の使い方がわからない
❾安いモノを優先的に選んでしまう

⑩ モノが捨てられない

では反対に、お金のブロックがない人の特徴も見てみましょう。

◆お金に対してブロックがない人の特徴

❶ 親がお金のグチや不満を言うことが少なかった
❷ 親のしつけがお金に対しておおらかだった
❸ 自分は裕福だと思って育った
❹ ほしいものが手に入った
❺ お金の使い道を決めている
❻ お金について学んでいる
❼ お金を受け取ることにためらいがない
❽ 質のいい衣食住を求めている
❾ お金を手段だと思っている
❿ 家が整理整頓されている

これらの特徴にたくさん当てはまる人は、お金に対してポジティブな潜在意識を持っている可能性が高いです。お金が入ってくることを当たり前だと思い、お金が入っても心がざわつかない人です。お金を使って得られる喜びを知っているので、ある目的のためにお金を使うことに抵抗がありません。このようなメンタルの状態であれば、お金の悩みが少ない「豊かな人」であると言えます。

「貧乏な家で生まれ育ったらダメ」「お金持ちだと大丈夫」という訳ではありません。たとえお金持ちでも、親がお金に固執するようなネガティブなメンタルを持っていれば、それは子どもにも伝わります。貧乏な家でも貧しさの苦労や心配を子どもに押しつけない、意識させないような環境であれば、子どもはメンタルブロックを持たずに育ちます。この点については第二章で詳しくします。

メンタルは生まれ育った環境によって形作られます。高校生くらいまでの経験の影響が大きいですが、それ以降になってからも潜在意識は変化していきます。大人になってからの経験でお金のブロックしてしまうケースもあります。

あなたがすでにブロックを持ってしまっていても、大人になった今からメンタルを改善することは十分にできます。お金に愛されるのは、何歳になってからでも大丈夫です。

「豊かさ」へのドアは誰にでも開かれている

本書で言う「豊かさ」とは、何千万円、何億円とお金をたくさん持っていることではありません。そこまで多くのお金がなくても、お金に愛されて生活に困らず、お金の悩みを持っていない状態を指します。お金を目的のためにうまく使って、人生をよりよくしていける状態です。

世の中にはたくさんの給料をもらっていてもお金に困っている人がいます。大企業に勤めるエリートで、年収が1千万円以上あるにもかかわらず、貯金がほとんどできない人もいます。衝動的に不必要なものを買ってしまったり、飲み会などで散財してしまったりする人です。そういう人は職業や学歴はピカピカなのに、お金に愛されないメンタルを持ってしまっているのです。

逆に、それほどお金をたくさん持っていなくても、悩みなく自由に生きている人もいます。必要な衣食住を備え、自分の趣味や仕事に費やすお金のやりくりがうまい人です。お金に対しての偏見がなく、お金に愛されるメンタルを持っているからです。

お金に愛される人には共通点があります。自由に使える時間が持てていることです。

もっとお金を得ようと思えば得ることができます。しかし、自分に必要な量のお金と時間の大切さが分かっているので、お金と時間とのバランスを考えて働きます。新しいことにチャレンジする意欲や体力があり、人生がさらによくなることへの自信を持っています。

お金に愛されない人はいつも時間がありません。やりたくない仕事に追われ、自分が自由に使える時間がありません。「もっとお金がほしい」と思ってダブルワークやトリプルワークで働いてしまい、自由な時間がさらに減っていきます。

毎日仕事で疲れていて、休日はだらだらするだけで終わってしまいます。本当にやりたいことをやるための元気がありません。ストレスをごまかそうと、お酒をたくさん飲んだり、無駄な買いものをしてしまったりします。そうやってお金がどんどん出ていく悪循環から抜け出せなくなります。

私は今の日本人にはこのようなお金に愛されない人が多いように思います。日々を生きることに精いっぱいで、ゆっくり自分の人生を考える余裕がない。本当の豊かさに気づくことなく、目先のお金ばかりを追い求めている人がたくさんいます。

世の中には豊かな人と貧しい人がいます。それぞれに入るドアが2つ並んでいて、どちらのドアを開けるかはあなたの自由です。その2つのドアはどんな人にも平等に置かれています。

あなたはどちらのドアを開けて中に入っていますか？

そのドアを開けると決めたのはあなた自身です。あなたのメンタルがドアノブに手を伸ばして開ける指示を出したのです。あなたが顕在意識では豊かな人になりたいと思っていても、潜在意識で貧しい人のドアを開けてしまっているかもしれません。あなたの潜在意識が豊かになることを邪魔しているのです。

一度、お金に愛されるメンタルを身につけてしまえば、再び貧しい人のドアを開けようとはしません。まるで自転車の乗り方を覚えた子どものように、あなたは豊かな人になって走り続けることができるでしょう。

お金はしょせん幻？

そもそもお金は何のためにあるのでしょうか？　それはモノやサービスと交換するためです。

お金がなかった太古の時代、人間は社会の中でモノとモノを交換して暮らしていました。農夫や漁師が野菜や魚を調達し、それを必要に応じて交換していたのです。しかし、食べものは持ち運びが大変ですし、時間がたてば腐るので長く置いておくことができません。野菜や魚は採れる量が時期によってバラバラなので、価値がつり合うように交換できなくなることもあります。

そこで人間は持ち運びしやすく、保存しやすいモノを交換手段として使うようになりました。貝殻や金属などです。キレイで劣化しにくく希少価値があるため、みんなに価値があると思ってもらえるからです。これがお金の原型とされています。モノとモノを交換する便利なツールとして、お金は誕生したのです。

近代になって人間は「お札」をお金として発行するようになりました。金や銀で硬貨をつくるとコストがかかってしまいますが、お札は紙でできているので安くつくることができます。日本の今の千円札をつくるコストは10円ほど、1万円札をつくるコストは20円ちょっとだと言われています。

そして2021年の今の世界にはこの「安い」お札があふれています。お金を発行する日本や欧米の中央銀行という組織がお金を大量に発行しているからです。とくに2020年以降は新型コロナウイルスの感染が拡大したため、世界の中央銀行は景気対策としてお金をたくさんばらまくようになりました。お金をつくるコストは安いので、いくらでもお金を刷ることができるのです。

金や銀でつくられた硬貨であれば、モノとしての価値があるかもしれません。しかし、現在のお金にはモノとしての価値はほとんどないのです。しかし、私たちは数十円でつくれてしまう千円札や1万円札をとても大切にします。そのお札で千円や1万円分のモノやサービスと交換できると信じているからです。

「お金そのものには価値がない」と気づくことは大切です。本当に価値があるのは、お金を使って得られるモノやサービスの方です。

世の中にはお金をため込んで、お札の束や銀行預金の残高をうれしそうに見ている人がいます。その人は何をうれしがっているのでしょうか。「貯まったお金でほしかった車が買える」という喜びをかみしめているのならまだ分かります。しかし、貯金の数字を見て、増えたこと自体をうれしく思っているとしたら変な話です。

実際には価値がないただのお札や数字に、「幻」の価値があると思い込み、その幻に喜びを感じてしまっているのです。その行動はむなしく、意味がないことに思えます。

お金そのものに価値があると思うのはもうやめましょう。 そのお金でどんなモノやサービスと交換したいか、お金を使ってどんな経験をしたいかということに目を向けましょう。「お金の価値」という幻想を捨てるのです。そうして、思考がお金の幻想にとらわれる状態から抜け出していきましょう。

お金はエネルギーの交換ツール

もう少し、お金について考えてみましょう。

お金そのものには価値はなく、モノやサービスなどと交換する手段でしかないとお伝えしました。それが理解できれば、さらにお金を「世の中でエネルギーを交換するツール」だと思ってみてください。

例えば、あなたは花屋さんで買いものをするとします。バラをきれいだと思ってお金を花屋さんに渡し、あなたはバラを買って自宅に飾ります。あなたは自宅でバラを見て癒やされたり、明るい気分になったりします。久しぶりに友人を自宅に招きたくなるかもしれません。あなたはバラから「癒やし」「明るさ」などのポジティブなエネルギーをもらうことができました。

花屋さんはあなたに喜んで買ってもらったことで「感謝」のエネルギーをもらいました。そして、受け取ったお金でまた別のお花を仕入れて、次のお客さんにお花を売ります。そのお客さんは買ったお花で自分のエネルギーを高めることができます。

お金は株式などに投資することにも使えます。この場合は「ビジネスを応援したい」というあなたのエネルギーを企業に届けることになります。企業はそのエネルギーを受け取り、自社のビジネスに投資して成長します。そしてまた次の投資家から新しいエネルギーを呼び込んだり、従業員に「やりがい」などのエネルギーを提供したりします。

こうやってエネルギーはお金とともに人から人、人から企業、企業から企業に循環されます。人の思いや価値観などのエネルギーが世の中に広がっていくのです。お金は社会の中でエネルギーを循環させる油のような働きをします。

お金は犯罪に使われることもありますが、お金自体はただのツール（情報とも言えます）なので良い悪いはありません。良い悪いがあるのはエネルギーを循環させる側の人間の意識です。

あなたがお金をポジティブな思いで使えば、それを受け取った人もポジティブなエネルギーを受け取れるでしょう。ポジティブなエネルギーを発信すればするほど、あなたにはポジティブなエネルギーが返ってきやすくなります。そのエネルギーが返ってくるときには、お金も一緒に舞い込んでくるのです。

人間はエネルギーが不足すると、世の中にエネルギーを発信する元気がわきません。そのためにはお金を使ってある程度のエネルギーをためておく必要があります。

ただ、あなたひとりでエネルギーをため込んでばかりいても意味はありません。体の血の巡りが悪くなると体に老廃物がたまってしまうように、エネルギーもため込みすぎると濁ってしまいます。**エネルギーは発信してこそ意味があります。「感謝」「応援」な**

どのエネルギーを発信することで、社会を活性化させることができるのです。

お金を節約し過ぎるとエネルギーがたまってしまいます。お金というツールをうまく使って、あなたのエネルギーを世の中に放ちましょう。そうすると、あなたのエネルギーは磨かれてさらに大きくなります。そしてもっと大きなお金を呼び込めるようになるのです。

金運アップの神頼みは意味がある？

京都市中京区の静かな住宅街に、御金神社《みかねじんじゃ》という珍しい神社があります。お金の神様が祀られていて、お金のご利益が得られるとされています。小さな神社なのですが、金色に輝く鳥居が圧巻で、いつも大勢の参拝者でにぎわっています。

神社の境内には参拝者が願いを書いた絵馬《えま》がたくさんかけられています。「お金持ちになりたい」といった大まかな願いに加え、「〇〇レースの馬券が当たりますように」

「年収が○百万円増えますように」という具体的なものまであります。人間がお金に対してどんな願望を持っているか、とても参考になります。御金神社に足を運ばれた際は、ぜひ絵馬を読んでみることをおすすめします。

神社にお参りするだけでなく、金運が上がるとされるグッズを身にまとう人もいます。

私の友人は自宅で蛇を飼っています。蛇は何度も脱皮を繰り返すため繁栄のシンボルとされているからです。そしてその蛇が脱皮した皮の一部を長財布に入れています。お札は折り曲げずに向きをそろえて入れ、カード類もいつもキレイに並べています。

こうした金運アップの方法には効果があるのでしょうか？

私はある程度は効果があると思っています。

ご利益があるとされる神社は、お金のエネルギーが神様となって信仰されています。お参りをすることでその一部を分けてもらうという効果はあるでしょう。そして、手を合わせてお祈りをすることで、自分にエネルギーが舞い込むというイメージがわき、それが現実化するということもあります。「私はお金持ちになれない」という思い込みが薄まり、「私はお金持ちになれる」という意識へ向けられます。

蛇の皮や長財布については、お金に興味を持ち、敬意を見せるという意味があります。

あなたはしわがないキレイな1万円札があれば、なるべく使わずに大事にとっておこうと思いませんか？　逆にしわくちゃの1万円札は罪悪感が生まれにくいので、すぐに使ってしまうかもしれませんね。お金に興味を持って敬意を見せるというのは、お金を慎重に使うという意識につながります。お金をため込みすぎるのはよくないですが、粗末にするのもダメです。

ただ、金運というものはずっと続くものではありません。

あなたが大好きな芸能人に出会ったとします。しばらくは出会えた喜びで心がいっぱいになり、幸せな気分に浸れるでしょう。でもその高揚した気分はずっとは続きません。大好きな芸能人に出会えた感動や興奮は徐々に薄れていき、過去の思い出になります。

それと同じように利益のある神社にお参りしても、その効果は持続しません。蛇の革の長財布を使っても、しばらくしたら初心を忘れてしまってお札の使い方が荒くなってしまうかもしれません。

金運アップの行動をいったん止めてしまうと、たちまち金運が下がってしまい、お金が出ていくことになります。毎日毎日、神社にお参りできるならいいですが、ほとんどの人はそれほど根気強くありません。

大事なのはメンタルを変えることです。神社にお参りしなくても、蛇の皮を財布に入れなくても、「自分は豊かな人になれる」というメンタルを身につけることです。自分自身のメンタルを磨けば、外のパワーに頼らなくてもお金の悩みから解放されることができます。

宝くじに当たるのは本当の金持ちではない

あなたが宝くじに当たった姿を想像してみてください。数千万円、または1億円以上のお金が手に入りました。あなたはその幸運で得たお金を何に使いますか？

ほしかった洋服をたくさん買ったり、高級な外車を買ったりするかもしれません。豪華な海外旅行に出かけるという人もいるでしょう。

残念ながら、そのように考える人は本当の豊かさを手にできません。一時的に手にしたお金を衝動的に目先のモノやサービスに使ってしまう人は、お金に愛されるメンタルの土壌が整っていないからです。
メンタルが整っていない人がたくさんのお金を持ってしまうと、抑えられていた欲望や傲慢さが顔を出し、ふだんはしないような荒いお金の使い方をしてしまいます。そして、お金はすぐになくなってしまい、元の貧しい状態に戻ってしまうでしょう。一時的にダイエットに成功した人が安心して気が緩み、体重がリバウンドしてしまうようなものです。

本当にお金に愛される人は、たとえ宝くじに当たったとしてもメンタルが動じません。お金との向き合い方を知っていて、正しい使い道がわかっているからです。

こうした人が宝くじに当たると、何にお金を使うのでしょうか。自分の人生で大切にしていることや、目標や使命の実現のために使います。生涯を通してやりたいこと、心からワクワクすることにお金を使うでしょう。
その人が世の中で子どもの貧困など「これはおかしい」と感じているものがあれば、それを解決するために会社を立ち上げてビジネスを始めるかもしれません。料理やスポーツなど、好きなことを学ぶために学校に通ったり、語学スキルを身につけるために留学したりするかもしれません。

お金に愛される人はお金がエネルギーを交換するツールであり、何かを成し遂げるための手段でしかないと分かっています。たとえ一時的に手にしたお金であっても、自分の目先の欲望を満たすために浪費したりはしません。常にやりたいことがはっきりしているので、その実現のためにお金を使います。

そもそも、お金とメンタルのバランスが整っている人は宝くじを買いません。そうした一時的なお金に頼らなくても、自分でお金をやりくりし、生み出す力があると信じているからです。**自分の人生設計がある程度できていて、そのためのお金の計画を持っています。「宝くじに当たったらこれをやろう」というメンタルではないのです。**

「宝くじに当たりたい！」と願う人は、たまにふと思い立って神社にお参りする人と同じです。自分ではない何か別のパワーに一時的にすがり、楽をしてお金を得ようとしているのです。他力本願の人にはお金は集まってきません。お金が集まるのは、自分を信じて主体的にお金を得ていこうとする人です。

お金に愛される人は自分の自由な時間やアイデアを使ってお金を得ます。そのお金を使って人に喜んでもらい、どんどんエネルギーを世の中に循環させることができます。あぶく銭では本当の豊かさは得られません。宝くじなどで一攫千金を狙うのではなく、お金に愛されるメンタルをしっかり身につけましょう。そうすることで、あなたはお金に悩まされない人生を手にすることができます。

有名人から学ぶ、お金のメンタルとは？

お金に愛されるメンタルがどういうものか、芸能人や有名人を例に出して解説したいと思います。

よいモデルなのが、タレントの所ジョージさんです。彼は「究極の趣味人」として知られています。以前に見たテレビ番組で、東京・世田谷の住宅街にある彼の秘密基地、通称「世田谷ベース」が紹介されていました。世田谷ベースには車やバイク、モデルガン、模型などいろいろなアイテムが部屋中に並べられ、おもちゃ箱の中にいるようです。この秘密基地で朝から晩まで模型などをつくって趣味を追求する日々を送られています。

所さんはご自身がやりたいことを優先し、生きていること自体を趣味だと思っている方です。お金を趣味に投じて、その趣味を生かして動画を撮影し、YouTubeで配信したり、テレビ番組に出演したりします。それで入って来たお金を使ってまた趣味に没頭する。そんな生活を送っています。

アパレル通販サイト「ZOZOTOWN」を創業された前澤友作《まえざわゆうさく》さんも面白い人です。自ら「お金配りおじさん」と称して、SNSのTwitterを通じて個人にお金を配ったり、たくさんの企業に出資したりされています。単にばらまくだけでなく、お金を通じてビジネスを始めたい若者やシングルマザーを応援されています。このユニークな手法によって、Twitterのフォロワー数で日本一になっています。

またホリエモンこと堀江貴文さんもユニークですね。ほとんど貯金はせず、お金はロケットの打ち上げなどのビジネスに使っています。「お金は貯めるべきものではなく使うもの」という信条を徹底されているようです。

「有名人はお金があるからそんなことができるのだ！」と思われるでしょう。確かに、お金がなければ趣味のアイテムを買い集めたり、たくさんのお金を配ったり、ロケットを打ち上げたりはできません。とくに、前澤さんや堀江さんは一般的な感覚から大きくかけ離れています。その発言や行動は批判されることも少なくありません。彼らのマネをする必要はありませんが、学ぶべきところがあることを知ってください。

彼らにはお金のメンタルのブロックが全くありません。もともとなかったのか、社会で成功したからなくなかったのかは分かりません。確実に言えることは、彼らには**お金の執着がなく、お金をツールだと捉えていることです。**

彼らは自分自身がワクワクするためにお金を使っています。お金を使うことで大きなエネルギーを得ているのです。「お金に出ていってほしくない」「もったいない」という消極的な思考はなく、「どうぞ行ってらっしゃい！」と恐れをなくしてお金を使っています。それによってエネルギーが世の中で循環し、彼らに戻ってきています。しかも、最初にお金を使ったときよりも大きなエネルギーとなり、お金と一緒に戻ってきているのです。

お金に愛される人のメンタルがどんなものかを知りましょう。彼らのように大きなお金を使うことは難しいですが、そのメンタルは誰もが身につけることができるのです。

お金と仲よくなったシングルマザー

ここで、一般の人の成長ストーリーを紹介したいと思います。私が数年にわたって相談に乗っている小島洋子さん（仮名、43才）です。小島さんとは2018年に知人が開催したセミナーで初めて会い、それからメンタルの改善をアドバイスしてきました。

出会った当時の小島さんはとても忙しい生活を送っていました。シングルマザーで高校生の息子がひとり。アルバイトを3つかけ持ちして、1週間のうち6日間もフルタイムで働いていました。メインの勤務先であるドラッグストアでは6年間も勤務していましたが、正規社員にはなれず、仕事を休めば給料はゼロです。小島さんは働き続けないといけないという強迫観念を持ち、いつも余裕がない表情をしていました。

私が見た小島さんは潜在意識の「思い込み」の中で生きていました。自分のスキルでは大した仕事には就けない。自分にはアルバイトしかない。そんな考えで頭がいっぱいの人でした。時間・お金・心の余裕はいずれもなく、「この生活からずっと抜け出せない」というブロックや思い込みに頭が支配されていました。

小島さんに思い込みから脱出してもらうため、メンタル改善のワークを提案しました。「できない」「無理」という言葉が口癖だったので、日常の言葉遣いを前向きな言葉に変えてもらいました。「私はお金をもらっていい人です」などの言葉を毎日寝る前に言う習慣も続けてもらいました。そして散らかっていた家のモノを捨て、「ストレス解消のため」に浪費していたお金の使い方を見直すようアドバイスしました。

そして人生の目標を立ててもらいました。何のために生きていて、どんな人生を送りたいか。忙しい生活から少し離れ、自分の人生について立ち止まって考える機会を持ってもらいました。

小島さんは「もっと自由な時間を持ちたい」「人に必要とされる仕事がしたい」という自分の気持ちに気づきました。それまでは生活のため、息子のために忙しい毎日を送るのは仕方がないという意識でしたが、自分の本心に向き合うことができました。

そのうち小島さんは「できない」という思い込みが薄まり、「できるかも」と思えるようになってきました。自分の可能性を信じられるようになったのです。ストレス解消のためのムダ遣いが少なくなり、明るい服を着る機会も増えました。少しずつお金のメンタルが整っていったのです。

しばらくして小島さんはかけ持ちしていたアルバイトを辞め、代わりに時給の高い清掃業の仕事を見つけました。そして浮いた時間を使ってカード占いの方法を学び、インターネットを通じて遠隔で提供できる占いサービスを始めました。

小島さんは世間一般でイメージされるお金持ちではありません。ただ、カードローンなどの借金を返済し、今では貯金ができるようになりました。毎日毎日お金に悩まされていた生活から解放されました。今後は清掃業の比重を減らしていき、占いだけで生計を立てられるようにする予定です。「できない」という思い込みが外れた小島さんは、自分の人生を生きられるようになったのです。

豊かさを手にしやすい時代

あなたは私が出会った当初の小島さんのように、頭の中がお金で支配されていませんか？

日々の仕事に追われ、生活をやりくりするのに精いっぱい。そんな毎日だと、本当に自分自身が望む人生を考える余裕がないかもしれません。もしあなたがそうだったとしたら、お金に愛されるメンタルを身につける方法を知りましょう。

豊かな人と貧しい人の2つのドアは誰にも平等に開かれているとお伝えしました。お金のメンタルが整えば、あなたは「豊かな人のドア」を開けることができるのです。

実は、現代の日本社会では「豊かな人のドア」は開きやすくなっています。

昔のように身分や家柄で人生が決められてしまうということはほとんどありません。どこに住むか、どの学校で学ぶか、どんな会社で働くか、どんな人と結婚するか、あなたが自由に決めることができます。

少し前のころと比べても大違いです。昭和の時代は有名になれるのは芸能人やスポーツ選手など特別な人たちだけでした。しかし今ではYouTubeやSNSを使って誰でも有名になれるチャンスが転がっています。

インターネットの発達で時間と空間を超えることができるようになりました。通販サイトのAmazonを使えば、ほしいものをワンクリックで注文でき、次の日には自宅まで届きます。海外の大学が配信する講座を視聴して、無料で学ぶこともできます。何かを願ってから実現するまでの時間が以前と比べて段違いに短いのです。

誰でもインターネットで通販サイトを開設したり、ブログで収益を得たりすることが可能です。小島さんのように、遠方の人にカード占いのサービスを提供してお金を得ることも簡単になりました。

新型コロナウイルスの感染拡大は昔ながらのハンコ文化など、古い体質で変えた方がいいものを浮き彫りにしました。「電車に乗って通勤すべき」「医師の診断は対面診療ですべき」など多くの習慣や固定観念も見直されつつあります。時代はどんどん変化しています。なくなるモノやサービスがある一方、多くのチャンスが生まれているのです。

「引き寄せの法則」が叶いやすい時代になっています。あなたが顕在意識だけでなく潜在意識でも願い、行動していけば、願望を叶えることができるのです。

豊かな人になるドアは簡単に開けられます。それには「お金とメンタルの方程式」を理解し、メンタルを整えることが必要です。ドアを開けられるメンタルになれば、あなたはすぐにでも豊かな人の仲間入りです。

本当に豊かな人は「目」が違います。黒目がはっきりしていて、力にあふれています。「目が死んでいる」と言われるような、うつろな目をした人とは違います。お金の悩みから解放され、毎日ワクワクすることに時間を費やし、自分の人生を生きている人です。

本書を通じて、あなたにもっと輝いた目をした人になってもらいたいと思います。次の章ではメンタルの力が大きく、いかに恐ろしいものかを説明します。その上で、メンタルを改善するワークに進んでいきましょう。一通りのワークを終えるころには、あなたの目は別人のようになっているでしょう。

株高はなぜ起こる？

本書を書いている2021年2月現在、世界の株価は大きく上がっています。新型コロナウイルスで私たちの経済や生活は大変なのに、なぜこんなに株価が上がるのでしょうか？　それは世界にお金があふれているからです。

お金を発行する世界の中央銀行がお金をたくさん刷ってバラまいているということをお伝えしました。さらに政府も国民への給付金などでお金をたくさん出しています。そのお金が株に向かっているのです。

お金の量が増えるということは、お金の価値はどんどん下がるということです。サンマがたくさん採れた年はサンマが安売りされるように、世の中で量が増えたモノは価値が下がっていくのです。

お金に執着して過度に節約する人は、価値が下がるモノにしがみついていることになります。お金を節約するだけでなく、価値があると思うサービスやモノを買ったり、何かに投資したりした方がいいでしょう。「お金は大事」という考え方に縛られ過ぎないように気を付けましょう。

第二章

豊かさを阻む、負のメンタル

あなたの行動を止めるメンタルブロック

この章ではあなたが豊かな人になることを邪魔する潜在意識の怖さについて解説します。そのひとつが「ブロック」です。第一章でもお伝えしたように、ブロックとは「こうしたい」「こうなりたい」というあなたの願望を止めてしまうことです。頭の中の顕在意識では理想の未来があり、それに近づきたいと思っているのですが、知らず知らずのうちに潜在意識が逆の現実を引き寄せてしまっているのです。

例えば、あなたが和気あいあいとした活気ある職場で働きたいと思っているとします。しかし、現実のあなたの職場は上司がいつも不機嫌で雰囲気が悪く、同僚も暗い表情で働いています。あなたは「なぜこんなに自分の理想と違うのだろう?」と悩み、満たされない日々を送ります。

これはあなたの潜在意識がこのような職場を引き寄せているのです。潜在意識が「仕事はつらいもの」「職場は暗くて当たり前」と思っているのです。それがあなたの理想の現実を遠ざけているブロックなのです。

あなたが本当はお金がほしいのに、毎日お金に悩む生活を続けているとします。それはあなたの潜在意識が「お金はいらない！」と思ってしまっているのです。ふだんは潜在意識に気づくことができません。あなたがお金に対するメンタルブロックを持っていても、そのことを知らずに生活しているのです。

なぜ、あなたはこのやっかいなブロックを持っているのでしょうか？　その原因はあなたがこれまで育ってきた環境や、受けてきた教育にあります。あなたの潜在意識に長年かけてこびりついたサビのように、ブロックが形成されてしまっているのです。

ブロックはとても恐ろしいものです。事業などで当たって一時的に大金を手にしても、ブロックがあればお金は浪費してすぐになくなってしまいます。いくら年収の高い仕事に就いても、ブロックがあればお金の不安から自由になることはできません。

本当に豊かな人になるには、このブロックを外すことが重要です。顕在意識と潜在意識のズレやギャップをなくすのです。2つの意識が向く方向が同じになれば、あなたはお金の悩みから解放されます。

本書の解説を読んで、自分自身に当てはまるか振り返ってみましょう。いつもと変わらない日常生活を送るだけでは、ブロックの存在には気づきません。自分と向き合うことでブロックを認識できるようになり、それを外すステップに進めるのです。

スピリチュアルでよく言われる「引き寄せの法則」とは、潜在意識のブロックを外し、潜在意識を書き換えることです。潜在意識が変われば、あなたは顕在意識の理想に近い現実を引き寄せられるようになります。

家の中がモノだらけの人は要注意

あなたの家はモノが多いですか？　それとも少ないですか？

クローゼットの中が服であふれていたり、本棚にもう二度と読まないであろう本が積んであったりしませんか。キッチンに明らかに使っていない調味料が置いてあったり、古くなった食材が置いてあったりしませんか。もし家の中がモノであふれているとすれば黄色信号です。あなたにはお金のブロックがあるかもしれません。

テレビ番組などで、あまり裕福でない人の部屋が映ることがあります。その部屋はどんな部屋でしょうか。たいてい、モノであふれている印象があると思います。ひどい場合、ゴミ屋敷になっていたりします。逆に、裕福な家はモノが整理され、すっきりしたイメージがあるのではないでしょうか。

なぜモノがあふれるかというと、捨てられないからです。所ジョージさんのようにこだわりの好きなモノを集めて、それを仕事にしているコレクターのような人であれば問題ありません。多くの人はこだわってモノを大事に持っているというより、「いつか使うかもしれない」「捨てるのがもったいない」という理由で捨てられないのです。

モノを手放せない人は、お金のブロックを持っていると言えます。モノへの固執や執着は、お金への固執や執着につながっているからです。

現在の社会は物々交換の社会ではありません。モノとお金を交換して成り立っています。モノを捨てられない状態は、それを得るために使ったお金を惜しんでいる、あるいは次の新しいモノを買うためのお金を惜しんでいるということです。

モノを捨てることに抵抗がなく、家の中にあまりモノがない人は大丈夫です。若者を中心に「ミニマリスト」が増えています。自分に必要な最低限のモノだけを持ち、最低限の住まいで生活している人です。このような人はお金のブロックをあまり持っていないように思えます。

モノはしょせん物質でしかありません。大切なのはモノを使うことによって、得られる気持ちや体験の方です。例えば、お気に入りの服を着ると朝から仕事のやる気が出る、処理速度が速いパソコンを使うと作業効率が上がる、ということです。モノを持っていてもよい気持ちや体験が得られないのであれば、そのモノには価値がないと言えます。これはお金も同じです。お金もそれ自体には価値がなく、お金を使って何をするかが重要なのです。

極端に「モノを買えない」「買いたくない」という人もいます。ビジネスでお世話になった人で、たくさんお金は持っているにもかかわらず、お金を全然使わない人がいます。いつ会っても同じ服を着て、古びた財布を使っています。お金は持っているはずなのに、「将来お金がなくなったらどうしよう」と不安を口にします。どんどんお金を貯め込み、貯金は増えるばかりです。しかし、いつになっても不安は消えません。

こうした人もお金のブロックを持っています。起業するために資金を貯めるなど、目的があって節約しているのであれば健全なメンタルです。ただ、何となく将来が不安でお金を貯めておきたいという場合は要注意です。お金を失うことへの恐れを極端に持ち、お金を使うことが心地よくないのです。モノに固執しているわけではなく、お金そのものに固執してしまっていると言えます。

なぜ人は固執してしまうのでしょうか。その原因は子どものころの経験でつくられることが多くあります。第一章では、お金のブロックがある人とない人の特徴について、それぞれ10項目のチェックをしました。その中で「親がお金のグチや不満をよく言っていた」など家庭環境に関する項目がいくつかありました。これらに当てはまる人がブロックを持ちやすい傾向があります。

このことについて次節で詳しく解説します。

家庭環境がお金への固執を生む

あなたは子どものころ、親がお金についてグチや不平不満を言う姿を目にしましたか？

「今月もまたお金が足りない」「食費を削らないといけない」などを耳にしていたかもしれません。とくに親が多額の借金で苦しんでいた場合は、お金で悩む親の姿を鮮明に覚えていることでしょう。

このような家庭に育った場合、好きなおもちゃを気軽に買ってもらえなかったかもしれません。あなたはいつもほしいモノが手に入らず、おもちゃを買ってもらえる同級生をうらやましく見ていたでしょう。あるいは、家庭がそれほど貧しくなくても、「お金がもったいない」「我慢しなさい」と厳しくしつけられ、おもちゃを買ってもらえなかったのかもしれませんね。

親が少しグチを言ったり、たまに厳しいしつけがあった程度であれば問題ありません。ただ、その度合いが大きいと、お金のブロックを持ちやすくなります。**お金を稼ぐことは大変で、お金は苦労しないとたまらないという潜在意識を持ってしまいます。**また、お金はとても貴重で簡単に使ってはいけない、使うより貯めるべきものであるという考え方が根づきます。もっとひどい場合は「お金は怖いもの」という考えを持ってしまいます。

家庭が貧しくても、親が苦労する背中を意識的に子どもに見せないようにしていれば、そのようなブロックは形成されにくくなります。ただ、そのような親はまれで、多くのケースで子どもはメンタルブロックを持ってしまいます。

お金は手段でありエネルギーの変換ツールです。お金を使って楽しく旅行をしたり、好きなものを買ったりするためにあります。極端にお金を使わない、使わせない親の場合、子どもはお金を手段として捉えることが難しくなります。「お金そのもの」に価値があるように思ってしまい、固執する気持ちが芽生えていきます。

このブロックが発展すると、「お金を持ってはいけない」という潜在意識になります。親や自分の子ども時代のように「もうお金で苦労したくない」という思いがつきまとうのです。

努力してお金を貯めたとしても、今度はそのお金がなくなる恐怖と闘わなくてはなりません。「このお金がなくなったら不幸になる」と思ってしまうのです。お金を貯め込みながらも、常に不安を抱えた状態で生きることになるのです。

そうなると、お金を使えなくなり、お金にしがみつきます。お金でポジティブなエネルギーを得ることができなくなり、いつまでたっても新しいエネルギーを呼び込むことができません。

多くの人の相談を受けていると、「お金がない状態の方が安心する」と話す人に出会います。大きなお金を手にするとロクなことがないと思い込んでいます。もっと待遇がよい仕事に就くチャンスがあっても、「自分は今のままで十分だから」という理由で自分を納得させて挑戦しません。

このタイプの人は**「お金が怖い」というブロックがあり、「お金がない状態が心地よい」と思っています。**手元にたくさんお金があると固執したり、怖くなったりします。そうなるのが嫌なので、むしろ最初からお金がない方がいいという考えです。

ただ、その状態のままだと成長できません。変化を嫌って「今のままで十分」というぬるま湯に浸かっているうちに、人生の可能性を狭めてしまっているのです。

「お金は怖い」というブロックがあると、お金とのほどよい距離感が持てず、エネルギーを適切に呼び込んだり使ったりできません。あなたも自分自身にブロックがあるかどうか、幼少期を振り返ってみましょう。

学校教育の罪

親や家庭の環境だけではなく、日本の学校教育にもブロックを生み出す要素があります。

日本の一般的な学校では、お金に対してほとんど教えてくれません。お金とどのように付き合えばいいか、どうやって使えばいいか、多くの人が授業できちんと習ったことがないと思います。

お金のブロックを持ってしまうような家庭であっても、学校でお金について学ぶことができればブロックを持たずに済みます。しかし、そのような学校は非常にまれなので、多くの子どもたちはお金のブロックを外す機会を得ることなく育ってしまうのです。

学校の課題は他にもあります。**「みんなと同じでないといけない」という、また別のブロックをつくってしまうことです。**

いまだに一般的な学校では集団行動の中でつめ込み型の教育が行われています。国語算数理科社会の5教科をまんべんなく教えて、通信簿で「オール5」を取ることが理想とされています。大学の入試テストもアイデアや個性を測るものというより、それまでのつめ込み型教育の成果を問われます。

昭和の時代にはこうした教育は意味があるとされていました。大企業や役所でホワイトカラーとして働くには、バランスよく知識を身につけていた方がよい面もありました。しかし、オール5を目指す教育では個性が伸びません。子どもは毎日毎日、机の上で型にはまった勉強をしないといけません。それをいやいや続けるうちに、子どもたちは自分が好きなもの、心の底からワクワクするものが分からなくなっていきます。

部活動などで本当に好きなスポーツや芸術に出合えた子どもは幸せです。ただ多くの場合は、そうした機会に恵まれないまま育ってしまいます。

私は人間というのは生まれながらにしてやりたいことが決まっていると思います。やりたいことをやるのが一番の幸せであり、本能に従った生き方だと考えています。今の日本の型にはまった教育では、その生き方を実現するのが難しいのではないでしょうか。

親もそのことに疑問を抱かず、テストでよい点を取ることを求め、無理やり塾に行かせたりします。

そして、受かりそうな大学に入り、何となくよさそうな会社に就職します。大学や会社を選ぶ理由はみんなが知っているから、有名だから、〇〇に有利そうだから、というものです。自分のワクワクや人生の使命の実現という視点はありません。

会社に入った後も忙しい日々を過ごします。しばらくすると社内での出世やポジションが気になるようになり、入社当初に持っていた情熱もしぼんでいきます。そして、いつの間にか定年後の引退生活を待ち望むようになっていきます。

オール5を目指す教育では、「みんなと同じでないといけない」「みんなと同じが安心だ」というブロックをつくってしまいます。そのブロックを持ったまま育つと、進学・就職という人生の節目でみんなと同じ道を選び続けます。自分のワクワクなどを無視し続けるため、目の輝きはどんどん失われていきます。

このブロックは「会社を辞めると苦労する」「仕事は嫌でもしないといけない」「夢を追いかけてはいけない」など、いろいろな思い込みにつながります。そして、サラリーマンのような画一的な働き方や稼ぎ方しかできなくなっていくのです。

潜在意識だけでなく、顕在意識でもこのように思ってしまうため、抜け出すことは相当難しくなります。多くの人はこの思い込みを抱いたまま、年を重ねていくことになります。

子どもにこのようなブロックを形成させないためには、「個性を伸ばす」教育が必要です。音楽でもスポーツでもプログラミングでも、その子どもがワクワクすることに没頭させてあげるのです。嫌なこと、苦手なことを無理にさせるのではなく、得意なこと、好きなことを伸ばしてあげるのです。オール5ではなく、何かの科目や遊びで地域一番になれるような子どもに育ててあげることが大切です。

「みんなと違う」がお金を生む

「みんなと同じでないといけない」というブロックがなければ、どんな人生を歩むことになるのでしょうか。子どものころに好きなこと、ワクワクすることを発見し、それをやり続ける人生になるでしょう。大人になってもやり続け、それを仕事にすることができると思います。

島田拓さんは、日本で初めてアリの通信販売会社を立ち上げた人として、たびたびテレビで紹介されています。彼は子どものころからアリが好きで好きでたまらず、大人になってもアリの収集や飼育を続けました。そして「アリの販売」というニッチなビジネスを始めて成功したのです。以前はペットショップに勤務されていたそうですが、今では大好きなアリのビジネスで生活されているようです。

誰でも好きなことは時間を忘れて続けられます。好きなことであれば、仕事でもスポーツの練習でも、努力を努力と思わずにコツコツ続けられます。「好きこそものの上手なれ」という言葉があるように、好きなことができる人はとても有利なのです。逆に、嫌なことを長く続けるのが難しいように、嫌なことで人より秀でた存在になるのは難しいことです。

子どものころから好きなことをやり続けると、お金を生み出せるようになります。スキルや知識があるので、それでお金を稼げるからです。

現在はインターネットを使えば、ビジネスを簡単に始めることが可能です。島田さんのように、たとえニッチでも新たな稼ぎ方を自分で見つけられます。

ひと昔前までは、大企業や役所に就職すれば、安定した人生を送ることができました。たとえ、好きなことの追求はできなくても、毎月決まった給料をもらって家族を養うことができました。

ただ、社会で必要とされる知識やスキルは大きく変化しています。今年まで役に立っていたものでも、来年にはあっという間に時代遅れになるかもしれません。モノづくりだけでなく、ホワイトカラーの仕事も、いずれは人工知能（ＡＩ）など機械がやる時代になっていきます。

将来的には多くの仕事がなくなっていくでしょう。オール5を目指す教育を受け続けてホワイトカラーの職に就いたとしても、安定した人生を送れるかは微妙な時代になっています。これからは好きなことを追求し、お金を生むことが求められる時代なのです。

仮に、今後も安定した仕事があるとします。そんな会社に入社できて、これからも安定した生活が送れる場合は幸せでしょうか？　メンタルブロックという視点を交えて、考えてみましょう。

あなたが働く会社が時代の荒波を乗り越えて成長し、あなたの給料もぐんぐん増えていくとします。社会的なステータスもあり、名刺を出せば誰からも一目置かれます。

あなたがその会社で本当にワクワクする仕事ができていれば幸せですね。しかし、それほど好きでもないけれど、たまたま入社できて待遇がいいから働いているとすればどうでしょうか。何となく無難に仕事をこなし、生活には不自由しないにもかかわらず、あなたの心は晴れません。「自分の人生は本当にこれでいいのだろうか？」とふと思うこともあります。

これはあなたのブロックが、あなたの飛躍を邪魔している状態です。もし、あなたが心の底から熱中できることを仕事にできたのなら、今の会社よりもっと大きなお金を得られるかもしれません。世間一般には高給取りでも、あなたのスキルや才能に比べると少しのお金しかもらっていないという可能性があるのです。

お金は手段です。エネルギーを交換するためのものです。**お金を目的に働くというのは本来間違っています。**「何をしたいか」を考えることが大切で、「何でお金を得るか」を優先してはいけません。

今まで多くの日本人はお金を得るために我慢して働いてきました。しかし本来は、やりたいことをやり続けた結果、おまけとしてお金をもらうのが理想です。ＡＩに負けないための創造性や個性を身につけるには、好きなこと、ワクワクすることを追求することです。それを実現するには、今のつめ込み型の教育では難しいのです。

日本人が陥りがちなお金のブロック

学校教育だけでなく、日本にはもともとお金のブロックを持ちやすい文化があります。それは「出る杭は打たれる」というものです。

あなたはお金持ちの自宅を訪問するテレビ番組を見たことがありますか？　豪邸にレポーターがお邪魔をし、高級な家具や家電、内装を紹介するという内容です。単純に「こんな家で暮らせてすごい！」という驚きを伝えるだけではありません。番組の出演者が「はしたない」「下品」などと少しからかったり、冷笑したりするニュアンスが含まれていることがあります。

日本では「世間の目」を意識しすぎる傾向があります。たとえ社会的に成功した人でも、必ずしも賞賛されるわけではありません。多額のお金を持って派手な暮らしや行動をすれば、世間から冷たい目で見られることが多いように思います。

私の知人から興味深い話を聞きました。彼は会社で所属するチームが優れた成績を残し、「社長賞」を取りました。社内で一番大きな賞です。彼のチームには30万円の報奨金が与えられました。

彼はてっきり報奨金はメンバーに分配されるものと思っていました。しかし、チームのリーダーが「報奨金で記念品をつくって社内で配ろう」と言いだして、とてもびっくりしました。「報奨金を独り占めにすると社内でいろいろ言われるから……」というのが理由です。彼の手元にはほしくもない記念品だけが残り、社長賞を取った喜びは半減したと漏らしていました。よく言えば公平ではありますが、日本社会の横並び文化を鮮明に映したエピソードです。

大企業の経営者の報酬を見ても、日本の文化が表れています。

コンサルティング会社のウイリス・タワーズワトソンの2019年度の調査では、日本の企業トップの報酬は1億9千万円です。その金額は高く見えますが、米国(14億5千万円)、英国(6億2千万円)などと比べて非常に低いレベルです。

日本では一般社員からそのまま社長になった「サラリーマン社長」が多いので、社内でのやっかみや嫉妬、ねたみにさらされます。社内の空気を読んで調和を保つためなのか、役員の報酬をほどほどに抑えています。「出る杭」にならない努力が求められているのです。

昔から日本はつつましく生きることをよしとする文化があります。お金そのものをたくさん持たないか、持ったとしてもあまり世間にアピールせず質素に暮らすことが美徳だとされています。

このようなメンタルは多くの日本人の潜在意識に眠っています。とくに年を重ねた人ほど強くこびりついています。知らず知らずのうちに「お金を稼ぐのはほどほどでいい」という思考になってしまっているのです。

本来、お金を稼ぐことに良いも悪いもありません。その人のスキルや才能、人脈、運などを生かして、たくさん稼ぐことは自由です。そして、そのお金をどう使うかもその人の自由です。

派手な暮らしをするお金持ちも、その生活でモチベーションが上がれば、稼ぐ力をさらに高められるでしょう。企業は高額な役員報酬を用意して優秀な人材を呼び込めば、ビジネスが拡大して従業員の給料を上げられるかもしれません。お金はエネルギーの交換手段です。大きなお金を使えば大きなエネルギーを得られます。お金を使って社会に貢献できたり、課題を解決する変化を起こせたりできるのです。

貧しさの中でも誇りを失わない姿勢は素敵です。調和を重んじる組織の文化が強みになる場合もあります。ただ、世間の目ばかりを気にしていると、そのメンタルの枠の中でおさまってしまいます。とくに周りを気にしがちな人は、その枠から出られなくなっている恐れがあります。「出る杭になってもかまわない」と思う姿勢も重要なのです。

「ボランティア精神」は豊かさを遠ざける？

ボランティアとは、お金をもらわずに他人のために何かをすることです。街の道路でゴミ拾いをしたり、地域で防犯の見回りをしたりする活動がよくあります。

無償で社会や人のために尽くすのは素敵なことですね。実際に人に喜んでもらえるだけではありません。活動を通して新しい気づきを得たり、地域の人と交流できたりする楽しみもあります。

ただ、この「ボランティア精神」には注意すべき点もあります。

私は2018年から1時間いくらという形でお金をもらってスピリチュアルな相談を受けるセッション業を始めました。1時間、みっちり相談に乗って、いただくお金は数千円でした。1時間数千円という時給で考えると、低い金額ではありません。しかし、相手の潜在意識を探りながら、あらゆる内容の相談に対してアドバイスするのはとても神経をすり減らす業務です。当時の私は本心ではもっとお金をもらいたかったですが、「人の悩みを聞く仕事であまり多くのお金をもらってはいけない」という考えがありました。

うれしいことに相談してほしいと言ってもらえることが増え、プライベートな時間を削って相談を受けるようになりました。家計のためにはもっとお金を稼いだ方がいいかと思い、仕事を増やしていきました。その結果、私はくたくたに疲れて果てて、仕事のやる気を失っていきました。

そんなとき夫から「人の助けになっているなら、もっとお金をもらってもいいんじゃない？」と言われ、ハッとしました。自分が「ボランティア精神」にとらわれ過ぎていたと気づいたのです。

自分が疲弊していては満足してもらえるセッションはできません。私は1時間の単価を上げて、引き受ける量を減らしました。そのぶん、空いた時間にマッサージを受けたり、スポーツジムに行ったりして、心と体のメンテナンスに使うようにしました。そして元気を取り戻し、さらに中身の濃いセッションができるようになりました。

あの時、もともとの単価のままでがんばっていたら、私は途中で力尽きて仕事を辞めていたかもしれません。その後のYouTubeでの情報発信など新しいチャレンジもできなかったでしょう。単価を上げて時間とお金に余裕を持てたからこそ、今も仕事を続けられているのです。

「人のために」と思って、お金をもらうのを遠慮することはキレイな行為のように見えます。しかし、長期的にそれが自分のためになるか、世の中のためになるかということも考えないといけません。**周りから価値があると認めてもらえるのなら、それに見合ったお金をもらうことは悪ではないのです。**「尊いことは無償」「無償であることは尊い」という考え方は一種の思い込みです。それにとらわれている人は、お金のブロックを持っていることになるのです。

日本ではとくに「慈善的な活動ではお金をもらってはいけない」という考え方があるように思います。例えば、特定非営利活動法人（ＮＰＯ法人）で働く人が多額の報酬を受け取っていると、違和感を持つ人が少なくないのではないでしょうか。しかし、そこで働く人が疲弊していては社会に貢献できなくなります。十分に家族を養える待遇を提供して、働く人を増やしていく方が、長い目で見て社会のためになるのです。

お金というエネルギーの交換手段をもらえば、自分のリフレッシュのために使ったり、新しい事業を始めたりできます。そして社会や人のために、またエネルギーを放つことができるのです。エネルギーがぐるぐる回って、世の中の発展につながります。「ボランティア精神」に過度にとらわれないようにしましょう。

「自分を愛せない人」はお金にも愛されない

本書で言う**「豊かさ」とは、お金の悩みを持っていない状態を指します。**メンタルの面で、お金とほどよい距離感を保ち、お金を使ってエネルギーを世の中で回せる人が「豊かな人」です。

年収1千万円を超えるようなエリートでも豊かな人とは言えないケースがあります。必要以上にブランド品を買い集めたり、ギャンブルをしたりして貯金ができない人です。本来、お金に悩まされないくらい稼いでいるはずなのに、いつもカツカツの生活をしている人がいます。

このような人はどうしてお金に愛されるメンタルを持っていないのでしょうか？　その根本の理由は「自分なんて」と思ってしまう潜在意識があるためです。

このような人は一種の心の傷のようなものを持っています。その原因として代表的なのが、親から褒められた経験が少なかったり、十分な愛情を注がれていなかったりするケースです。

親の言葉が心の傷をつくることもあります。例えば「あなたなんて生むんじゃなかった」というような言葉です。このような強烈な言葉は子どもの心に突き刺さり、その後の人生を通して「自分なんて」という意識を根付かせてしまいます。また、兄弟や姉妹の間でいつも比較されたり、他の家の子と優劣をつけられたりすることも原因になる場合があります。

悲しい記憶やトラウマがあるせいで自分を愛することができず、「自分なんて」と思ってしまうのです。この潜在意識の影響力は大きく、寂しさをごまかすためにお金を過剰に使ってしまったり、固執してしまったりします。そしていつまでたっても「豊かな人」になれないのです。

ここで、あなたのメンタルの状態をチェックしてみましょう。10項目を記載しますので、当てはまるかどうか考えてみてください。

❶人生で何がやりたいか、何を選べばよいか分からない
❷生きていることに罪悪感がある
❸他人を信じることに抵抗感がある

❹見放される、見捨てられることが怖い
❺ヒステリックになることがある
❻思っていることを正直に言うのが怖い
❼相手に尽くしすぎる恋愛をしてしまう
❽失敗することが極度に怖い
❾心を開ける友だちがいない
❿何か（アルコールなど）に依存した経験がある

これらは潜在意識にある心の傷の有無を知る上で代表的な項目です。6個以上当てはまった場合、あなたは心の傷を持っている可能性が高くなります。

心の傷がある人の考え方や行動には特徴があります。次にそれがどのようにお金の使い方に表れるかを見ていきます。

「認めてもらいたい」がお金を逃がす

心の傷を持った人によく出る**1つ目の特徴が「自己承認欲求」が強すぎること**です。親からの愛情が足りなかった人や、塾や学校で競争ばかりさせられた経験を持つ人に出やすい傾向があります。「もっと美しくなりたい」「もっと有名になりたい」「もっと優しくしてもらいたい」などの欲求が次から次へとわいてきます。その欲求を抑えられず、浪費したりお金に執着したりしてしまいます。

自己承認欲求が強い人は、本当の意味で自分に自信がありません。素の状態の自分をさらけだせず、ブランド品や高級車を買い求めたり、海外旅行の自慢話をしたりする傾向があります。美容整形を繰り返す人もいます。

買いものをする際は素材や使い勝手、デザインで選ぶのではなく、「有名だから」「人気があるから」といった理由で選びます。誰もが知っているブランドの力で自分を補強し、自分を守ろうとするのです。

そして、相手より自分の方が優位だと示す「マウンティング」をしないと気がすみません。常に時代のトレンドをウォッチし、その時代に優位とされるモノや価値観を追いかけます。どれだけお金と労力をかけたとしても、自分を認めてもらいたいという欲はなくなりません。その結果、次から次へとお金を使い、お金がないと自分を守ることができなくなってしまいます。

2つ目の特徴が、人への不信感が強すぎることです。幼少期に大人から注目されることが少なかった人などに出やすい傾向があります。

人に対して不信感が強いと、何か新しいことにチャレンジしにくくなります。例えば、社内で大きなプロジェクトに誘われても断ったり、魅力的な異性から誘われても断ってしまったりします。自分のお金を株式などに投資することもためらってしまいます。極端な場合には「自分のお金が盗まれてしまう！」という不安からクレジットカードをつくれない人もいます。

こうした人は人から騙されるリスクは少ないかもしれませんが、チャレンジして大きなお金を手にすることはできません。エネルギーを循環させられず、豊かさを得られずに過ごすことになります。

心の傷を持った人の**3つ目の特徴が、生きることへの罪悪感があること**です。ここまでくるとかなり深い傷があると言えます。「幼少期に自分のせいで親が不幸になった」などと思う経験があると、このような意識が芽生えてしまいます。自分が赤ちゃんとして母親の胎内にいるとき、母親が極度につらい状況に置かれていた場合もこのような特徴が表れることがあります。

生きていて申し訳ないという意識があり、自分が生きていることに価値があると思えません。よくあるのが、恋人に尽くし過ぎてしまうことです。どうしようもないダメ男に高価なプレゼントを貢ぐ女性などが当てはまりますね。他にも、友人や同僚に過度な贈りものをしたり、おごったりする人もいます。

生きることへの罪悪感があると、生きること自体がストレスになります。そのストレスを解消しようと、ギャンブルをしたり、お酒に逃げたりします。借金をして無謀なビジネスを始める人もいます。お金があるとストレス解消に使ってしまうので、お金がなかなか貯まりません。

これら3つの特徴以外にも、心の傷があるといろいろな形でお金が逃げていってしまいます。「自分なんて」という潜在意識がネックとなり、お金を自分のために適切に使うことができず、「お金に愛されない人」になってしまうのです。

「幻想」で苦しむのはもうやめよう

ここまで、あなたが豊かな人になることを邪魔する「メンタルの怖い話」をしてきました。紹介したお金のブロックが全くないという人はまれです。誰もが大なり小なりブロックを持っているものです。心の傷も同じです。それが大きければ大きいほど、豊かさを手にすることが難しくなります。

人は自分の過去を抱えながら生きています。子どものころの家庭環境や教育を通じて経験したことは、心の中にしぶとく残っています。それがふだんは表に出てこなくても、精神的に弱ってしまったときなどに顔を出すことがあります。そして、衝動買いに走ってしまうなどしてお金を失ってしまうのです。

そのような人は、過去にとらわれている人だと言えます。しかし過去というものは、すでに終わったことです。「今」にはもはや存在しません。自分が覚えているただの記憶であり、イメージでしかないのです。

まだ起こっていない未来もイメージです。明日のあなたも、来年のあなたもまだいません。あなたが未来のことを心配しているとすれば、自分で勝手にイメージしたことについて、あれこれ考えているだけです。

過去や未来はあなたの頭の中、心の中にしかなく、一種の「幻想」とも言えます。その幻想である過去を嘆いたり、未来を心配したりするのはナンセンスです。

逆に言うと、記憶でしかない過去は書き換えることができます。過去に起こったことを振り返り、意味を解釈し直したり上書きしたりすることができるのです。

過去を書き換えれば潜在意識も変わります。そうすれば過去や未来について頭を悩ませるものがなくなり、理想の現実を引き寄せる力が強くなります。それがメンタルを改善するということです。

私も過去にはメンタルブロックや心の傷がありました。お金への恐れを持っていました。小さいころの記憶のせいで自分に自信が持てない時期もありました。しかし、引き寄せの法則をはじめとするスピリチュアルメソッドを学び、自分自身でワークをやり続けることで、少しずつメンタルを改善することができました。

もしあなたがお金に愛されないメンタルだったとしても大丈夫です。次の章以降で紹介するワークをしていけば、あなたのメンタルは着実に変化していきます。そして、お金に愛される状態に近づくことができます。

過去や未来という幻想で苦しむのはもうやめましょう。あなたが呼吸をして、ご飯を食べ、誰かと話すのはすべて「今」です。**あなたの現実、生きる世界は「今」にしかないのです。**メンタルが変われば、この「今」を楽しめるようになります。お金に愛される人生というのは、「今」を味わえる人生です。ぜひ一緒にそのような人生を歩んでいきましょう。

お金の世界は二極化する？

世界ではどんどんお金の格差が開いています。
私はこの格差の流れは今後も続くと思います。大きな理由はインターネットの発展です。YouTubeやブログなどを使えば、自分の考え方や趣味をコンテンツとして発信できます。それができる人は大勢の人の注目を集め、いわば「プチアイドル」になれる時代です。

プチアイドルはインターネットを通じて有名になり、どんどん仕事を得ていくことができます。プチアイドルにならない人は、ファンになります。プチアイドルが発信するコンテンツを受け取ったり、購入したりするのです。

プチアイドルは忙しさやプレッシャーと向き合う必要があります。ファンは応援する人を好きに選択できる気軽さがあります。どちらが幸せかは人それぞれの考え方です。ただ、基本的にファンはお金を払い、プチアイドルは受け取る側です。世の中の人がこの2つのタイプに分かれていくことで、所得格差は広がっていくことになるでしょう。

第三章

あなたの
メンタルを
変えるワーク
〈基礎編〉

メンタルを変えるワークについて

第二章まで、お金とメンタルの関係について解説しました。この章からは具体的にあなたのメンタルを改善する方法をお伝えします。第三章は「基礎編」です。ここで紹介する基礎的なワークをしていけば、あなたの潜在意識は少しずつ書き換わり、メンタルが整っていきます。そして第四章の「発展編」では、メンタルをさらに鍛えていきましょう。

この章からはノートとペンを用意して、ワークに取り組んでください。少し高級なノートとペンを買って、ワーク専用として使うのもいいですね。ワークをするためのやる気が高まります。

ワークは3種類あります。**1つ目は「イメージ」**です。頭の中で考えたり、思い描いたりしてあなたのメンタルを揺さぶります。**2つ目は「行動」**です。実際に行動に移すことでメンタルを変えていきます。**3つ目は「実用」**です。お金に関する知識や使い方などを学び、意識と行動の両方からメンタルを改善させます。この3種類をバランスよくやることで高い効果が得られます。

イメージワークをするときは、集中して取り組める環境で取り組んでください。時間もたっぷり取れるといいです。家族や友人に相談してもいいですが、ワークの答えを出すのはあなた自身です。自分自身のメンタルと向き合い、答えを導き出しましょう。

行動のワークは、あなたの行動を変えることで潜在意識の書き換えを目指すものです。すぐに潜在意識を変えるのは難しいですが、行動を変えることは簡単にできます。いつもと違う行動をすれば、潜在意識は「あれっ、いつもと違うぞ?」と揺さぶられます。その積み重ねで、あなたの潜在意識を変化させるのです。

実用のワークは、お金に関する基礎知識をお伝えします。お金の使い先や実学的な内容について触れていきます。改めてお金について学びましょう。

最初はめんどくさいと思うかもしれません。頭の中でワークの内容に違和感があっても、深く考えずに行動に移しましょう。それを繰り返していくうちに、自然と潜在意識に刺激を与えていくことができます。

それぞれのワークは、人によって得手不得手があります。イメージワークは簡単にできるけど、行動はちょっと苦手というタイプの人もいます。その場合は最初にイメージワークを集中してやって、そのあとに行動ワークを始めても大丈夫です。ワークに番号を付けていますが、順番通りにやらなくても効果は出ます。ただ、第三章は基礎編、第四章は発展編としていますので、基礎編から進めることをおすすめします。

ワークを通じて、あなたは「居心地の悪さ」を感じることもあるでしょう。潜在意識と逆のことをしているので、不快感を覚えるのです。しかし、それはあなたのメンタルが成長しようとしている証拠です。その気持ちと向き合いましょう。ワークを続ければ続けるほど、その不快感は和らいでいきます。もし不快感に耐えられなければ、ワークを休んでもかまいません。また心の準備が整ってから再開しましょう。

メンタルブロックの量を知る

潜在意識のブロックはあなたの行動やチャレンジを邪魔する「メンタルのブレーキ」です。ブロックが多ければ、お金をうまく使えないだけでなく、あらゆる行動が制限されてしまいます。まず、あなたのメンタルにどれくらいブロックがあるかを把握することが大切です。

簡単な質問に答えるだけでブロックの量が分かるワークを用意しました。ブロックの量が多ければ多いほど、ワークの必要性が高いことになります。チェックしてみましょう。

WORK 1

ふだんの思考量を測る（イメージ）

想像してみてください。あなたは、好きな有名人の講演会のポスターを街中で目にしました。「行ってみたい！」。そう思った後、実際に申し込みをするまでに、どんなことを考えるでしょうか。その状況をなるべくリアルに思い浮かべてください。自分が考えそうなことを、箇条書きで紙に書いてみてください。無理にたくさん書き出す必要はありません。自然に思いつくだけでけっこうです。

（例）

・料金はいくらか
・場所はどこでやるか
・参加して得られるものは何か
・一緒に行く友人はいるか
・スケジュールが合うか

いくつのことを考えましたか？　箇条書きの数を数えてください。

質問を変えます。友人から瞑想することをすすめられたとします。あなたは実際に瞑想をするまでにどんなことを考えますか？　その状況を思い浮かべて、箇条書きで紙に書いてみましょう。

私が運営するオンラインサロンの会員向けのイベントでこのワークをやってみたところ、以下のようなこと挙がりました。

・どんな服装をすればいいのか
・朝やればいいのか、夜やればいいのか
・瞑想って、そもそもどうやったらいいのか
・音楽はかけなくていいのか

会員の箇条書きの数は、3個以内の人と5個前後の方が半々くらいでした。中には全くない人もいました。その人は「何も考えずにすぐに実行します」と言っていました。

上記の2つの質問で、あなたが書いた箇条書きの個数を平均してみましょう。

箇条書きが3個以内の方は、何事も躊躇せず1週間ほどで行動に移す方です。4個以上10個以内であれば、1カ月くらい行動までに時間がかかると思います。11個以上あれば、行動そのものをしない可能性が高いでしょう。

あなたは日常生活でいろいろなものを見たり聞いたりします。その刺激を受けるたびに、あなたは頭の中でさまざまな思考をします。「やった方がいいかな」「でも大変そうだな」などと考えて、行動するかしないかを決めます。**行動するまでの思考の量が多すぎると、行動する決心ができません。その結果、時間がかかってしまうのです。**

思考の量が多いということは、メンタルのブロックが分厚いということです。あれこれ考えてしまい、なかなかチャレンジできません。そうやって目の前にお金を手に入れる機会があっても見逃してしまいます。仕事や人間関係でもチャンスを失ってしまったりするのです。

箇条書きの数が多かった人は、分厚いブロックを持っていると言えます。これから紹介していくワークをすれば、そのブロックはほぐれていきます。効果を期待して取り組んでいきましょう。

「捨てる」ことで意識を変える

さて、ここからお金のテーマに絞って、ワークを進めていきます。

WORK 2

自分の持っているモノを把握する（行動）

お金のブロックを外すために最初に始めることは、モノを捨てることです。家を見まわしてみてください。引き出しを開けてみてください。クローゼットや押し入れを開けてみてください。どんなモノがあるかチェックしましょう。

- 高いお金を出したのにほとんど着ていない服
- 使わないのに置いている鍋や食器
- まだ使えるけど使っていないペン
- 写真やアルバム、昔のノート

第二章で「家がモノであふれている人は要注意」という話をしました。モノへの執着や固執は、お金に対する執着や固執と同じです。お金への執着がモノを捨てられないという行動となって表れているのです。改めて、家の中にどんなモノがあるか確認してみましょう。思っている以上にたくさんのモノがあるかもしれません。それだけお金に対するメンタルのブロックがあると言えます。

WORK 3

モノを捨て、執着を捨てる（行動）

モノを捨て始めましょう。最初に、3年以上使っていないモノをためらわず捨てましょう。次に1年間使っていないモノを捨てましょう。そして次は半年です。どんどん使っていないモノを捨てましょう。必要になれば買い直せばいいという気持ちで捨てることが大切です。

思い切って「断捨離」をしましょう。何かのモノを捨てた後に、困ることがあるかもしれません。しかし、今はだいたいのものが安く買い直せます。捨てた後に困ったら、買い直せばいいのです。

例えば、次のようなものはどんどん捨てましょう。

・着ていない高い服：もう着ません。捨てましょう。メルカリなどで売ってもいいですが、「1週間以内に出品しなければ問答無用で捨てる」と期限を切りましょう。

・家電の説明書：もう読みません。インターネットでも見ることができます。

・まだ書けるペン：5本くらいお気に入りを残して捨てましょう。5本のうち1本が書けなくなったら、新しいものを買いましょう。

・写真や思い出の品：捨ててしまうと案外すっきりします。スマートフォンで写真を撮っておけば、心理的に捨てやすくなります。

そうは言っても、いきなり家の中のモノを捨てまくるのは難しいと思います。もしできたとしても、精神的なストレスがかかって疲れてしまうかもしれません。**おすすめは場所を決めて徐々に捨てていく方法です。**

最初にお財布の中のレシートや会員カードを捨てます。ここでは3年以上残っているモノはないと思いますので、期間を問わずいらないモノを捨てます。

次に洗面台やキッチンの周りのモノを捨てます。そしてクローゼットの中など手がかかる場所に取りかかりましょう。そうやって、少しずつ場所を広げていくことで精神的な負担をかけずに取り組んでいくことができます。

「捨てるかどうか、どうしても決められない！」という場合は、段ボールの中に入れて家の目立たない場所に置いておきましょう。本当に必要になった場合に開ければよいのです。1年間、開けることがなければ思い切って捨てましょう。

この「捨てる」という行動そのものに意味があります。

人は長年染みついた意識や考え方を急に変えることはできません。しかし、行動は今日からでも変えることができます。「お金のブロックがある→モノを捨てられない」と仮説するなら、まずは「モノを捨てられない」という行動を変えるのです。そして行動が変われば、意識や考え方も変わっていきます。

どんどんモノを捨てていくと、あなたの家の中は見違えるようにスッキリするでしょう。同時にあなたの心の中もキレイになっていきます。今まで大事だと思っていたモノが、実はなくなっても困らないということに気づきます。そうやってモノへの固執や執着が薄まっていきます。同時にお金への固執や執着もなくしていけるのです。

「整理」を習慣にする

モノを捨てることができれば、次はその状態を維持することが大切です。いったん家からモノが減っても、すぐに増えてしまっては意味がありません。そのためには捨てることをクセにする必要があります。

WORK 4
「捨てる」を習慣にする（行動）

1カ月間くらいかけて集中的にモノを捨てることができたら、それを習慣化していきます。「ついモノをためてしまう」のではなく「すぐに捨ててしまう」という風になるように自分を変化させましょう。

私はよくモノを捨てるので、たまに夫に文句を言われます。例えば、冷蔵庫の中に食べ残しが中途半端に残っていれば問答無用で捨てます。「もう捨てたの？　食べようと思っていたのに……」と夫は言いますが、私は気にしません。どうせ食べないからです。そして古くなってしまって結局は捨てることになります。思い切って捨てれば冷蔵庫の中がスッキリします。それが他の食材の使い残しを減らし、食材を大切にすることにつながります。

「食べないものは捨てる」「使わないものは捨てる」を日々心がけましょう。「どうしようかな……」と悩む前に捨てるのです。24時間以上たった食べ残しは捨てる、読み終えた雑誌は捨てる、などのルールを決めておくと捨てやすくなります。

捨てることを習慣にして、今まで持っていた心理的な抵抗感をなくしていきましょう。心理的な抵抗感がなくなれば、ためらわずに捨てることができるようになります。

「習慣にすること」の効果はあなどれません。例えば、日記を書いたり、早寝早起きをしたりすることは最初のうちはとても面倒だと思うでしょう。しかし習慣にしてしまえば、苦ではなくなります。頭で考えなくても行動できるからです。

「よしやろう！」と自分を奮い立たせる意志の力には限りがあります。仕事が忙しくなると、身の回りのことに気を回せなくなり、どんどん家が散らかったり髪がボサボサになったりします。人間はこのように1日のうちで使える意志の力が限られているのです。

意志の力という貴重なエネルギーを節約するために、なるべく面倒なことを習慣化しましょう。モノを捨てるのは最初のうちは面倒だと思うかもしれません。それでも1週間、2週間と続けていくうちに、段々と楽に捨てられるようになります。最初のスタートを何とか乗り越えられれば、あとは軌道に乗っていけます。

頭で考えずにできるようになれば、意志の力はいらなくなります。そうやって意志の力を節約していくと、他の大切な仕事や勉強に力を注げるようになります。

ごちゃごちゃとモノにあふれた生活は、やはりどこかストレスフルで落ち着きません。図書館やカフェの方が勉強に集中できるのは、周りに余分なモノが少なく、誘惑を受けにくい環境であるためです。

モノを捨てる生活は、あなたがモノへの執着をなくし、お金のブロックを外すことにつながります。あなたが有益なことに集中して時間を使えるようになる効果も期待できます。そして仕事や勉強などのパフォーマンスが上がり、人生をもっと豊かにできるのです。

お金への罪悪感を減らす

次に、これまでの人生でこびりついた固定観念や思い込みなどを外していきます。そうしてメンタルをキレイにお掃除して、ブロックをほぐしていきましょう。

WORK 5

お金を使えることを喜ぶ（イメージ）

お金を使う時に「やったー！」と口に出して言いましょう。周りの目があって口に出せなければ、「よし！」と頭で思いながら手を握って小さくガッツポーズしましょう。お金が手に入ったときも「やったー！」と言いましょう。

コンビニでコーヒーを買うとき。レストランでお会計するとき。ネット通販で購入ボタンをクリックするとき。日常のいろいろな場面で実践しましょう。実際に口に出し、ガッツポーズするという行動で、ポジティブな感情を呼び起こします。続けることでお金に対する潜在意識が変わっていきます。

お金のブロックがある人は、潜在意識に罪悪感があります。「またこんなに買っちゃった……」と思う人は「お金を使うことはいけないことだ」と考えています。

お金を使うことは悪いことでありません。**あなたはお金で得たモノやサービスで豊かな時間を過ごすことができます。**あなたのポジティブなエネルギーは誰かに渡り、その人はまた別のことにエネルギーを使うことができます。**本来、お金を使うことは社会にとってポジティブな行為なのです。**

「やったー！」の代わりに「お金さん、ありがとう」でも大丈夫です。「お金を使わせてくれてありがとう」と感謝するのです。お店でお会計する際は、「ありがとうございます」と店員さんに言葉にして伝えてもいいですね。あなたの感謝の言葉を受け取った店員さんの心は少し温まります。仕事をがんばろうという気持ちがわくかもしれませんね。

そうやってお金をポジティブな言葉とともに渡すことで、世の中に「ありがとう」が広がっていきます。お金とともにその気持ちはぐるぐると循環します。将来的に、巡り巡ってあなたにポジティブな影響が返ってくるでしょう。

WORK 6

寝る前と起きた後、言葉で潜在意識を変える（イメージ）

寝る前に「私はお金をもらいます」「私はお金をもらってもいい人です」と自分に言い聞かせましょう。さらに朝起きた後にも同じことを言います。なるべく毎日続けましょう。

お金のブロックがある人は、「自分はお金をもらう価値がない」「自分はお金持ちになれない」と思い込んでいることが多いです。その潜在意識に刷り込まれた思い込みを外すため、寝る前と起きた後にポジティブな言葉を自分に言いましょう。

上記の言葉を自分へ言い聞かせたら、次の言葉も言い聞かせるようにしましょう。

「お金は努力しなくても受け取っていいです」

「お金は即座に受け取ります」

お金のブロックがある人は「お金は苦労しないと手に入らない」「お金は簡単にもらってはいけない」という思い込みがあります。多くの人は大なり小なりこのような潜在意識を持っています。これらをなくすため、逆のことを言葉にして言いましょう。

最後に次の言葉も言い聞かせましょう。
「お金はたくさん受け取ってもいいです」
「100万円受け取ってもかまいません」

たくさんのお金を受け取ることへの抵抗感をなくしましょう。金額は100万円でも1千万円でもOKです。自分が大きいと思う金額を言って、それを受け取ることを「いいです」と許可してください。

こうした言い聞かせを繰り返していくと、潜在意識に眠るお金のブロックが徐々に崩れていきます。重要なのは、なるべく本心から言い聞かせることです。「そうはいってもお金は簡単に手に入らないよ……」と疑っていてはダメです。疑ったまま言葉にしても潜在意識には響きません。最初は難しいかもしれませんが、毎日繰り返すことで本心から言えるようになります。がんばって続けていきましょう。

「頭の中の財布」を広げる

お金を使うことに罪悪感がある人は、日々の買いものや消費で恐る恐るお金を使っています。そうした人はたくさんのお金を上手に使うことができません。お金を使うことをイメージするワークで、「頭の中の財布」を大きくしていきましょう。

WORK 7 頭の中でお金を使う（イメージ）

あなたが誰かから10万円を受け取ったと想像してください。それを1日で使い切ってください。貯金はダメです。何かにポンっと使ってください。

古くなった冷蔵庫を買い替えますか？　パソコンを買い替えますか？　10万円では大型の家電や自動車は買えませんが、身の回りで買えるモノはいろいろあります。イメージを膨らませて、何に使うかを考えてみてください。

次に300万円をもらいました。それを5日間で使い切ってください。何にいくら使うか、具体的に書き出してみましょう。借金を返す、貯金や株などに投資する、寄付するなどはダメです。モノや体験に使ってください。

300万円で買えるもの、体験できることはたくさんあります。私が運営するオンラインサロンの会員の答えは、例えばこんな感じでした。

・バッグ80万円
・ボディーメンテナンス
（エステ10万円、脱毛10万円、歯のホワイトニング10万円）

・大好きなみんなで温泉旅行100万円
・クラシックギターコンサート（10万円）
・ワインのお店の開業準備（人に会う20万円、視察40万円、勉強20万円）

このように具体的に挙げれば、「300万円でこんなことができるんだ」とよりリアルに感じることができるでしょう。

次に1千万円をもらいました。それを2週間で使い切ってください。余ったぶんは手元に残りません。なるべく何かで使い切るようにしてください。

金額が大きくなってきました。家具家電を買うだけでは使い切るのが難しいですね。1千万円あれば高級な外車を買ったり、ワンルームのマンションを買ったりできます。でも一軒家は難しそうですね。旅行が好きなら、世界一周クルーズ船のチケットも買えますね。

1千万円になると何に使うか悩んでしまう人が多いと思います。使い切れないという人もいるでしょう。「自分が都心の一等地に住んでいたら」「仕事をせずに自由な時間があったら」などと想像を膨らませましょう。日常の生活にとらわれず、視野を広げて使い道を考えてみましょう。

最後に1億円をもらいました。それを3カ月で使い切ってください。株などに全額投資するのはダメですが、何らかの事業に投資するというのはOKです。

さあ夢の1億円です。あなたは何に使いますか？　1億円あれば、高級外車を何台も買えますね。東京のタワーマンションも買えます。不動産物件を買ってリフォームして、趣味の店を始めることもできます。一定数の社員を抱える企業そのものを買収することも可能かもしれません。

あなたはいくらの金額までイメージを膨らますことができましたか？　10万円や300万円は比較的簡単だったと思いますが、1億円まで具体的な使い道をイメージできた人は少ないのではないでしょうか。

イメージできた金額が、あなたのメンタルの財布の大きさだと言えます。1千万円のイメージができた人は1千万円が入ってきやすいです。1億円が難しかった人は、1億円を手にすることは難しいでしょう。

もし300万円しかイメージできなかったとしても安心してください。あなたのメンタルの財布は今からでも大きくすることができます。

現実の世界でお金を使うことに罪悪感があっても、イメージの中であればお金を使うことができると思います。そうやって潜在意識にあるお金のブロックをほぐしていき、メンタルの財布を徐々に広げていきましょう。

「お金で実現したい世界」を考える

次に、イメージでお金を使うワークをさらに発展させていきます。このワークは続けることで効果が高まります。「毎月第二火曜日にやる！」などと決めて、続けていきましょう。

WORK 8

買った後の世界を思い描く（イメージ）

お金を使うワークを定期的に続けましょう。そして「買って満足」で止まらないようにしましょう。何らかのモノや体験を買った後の世界までイメージしましょう。

例えば、あなたが300万円でほしかったバッグと家電をまとめ買いしました。新しいバッグを身にまとってお出かけするあなたはどんな気分でしょうか？

こだわりの家電に囲まれて暮らす生活はどんなに便利でしょうか？

お金を使って得たモノやサービスによって、あなたがどんな風に喜んでいるか、どんな日々を過ごしているかまでイメージしましょう。

あなたが自分の姿をありありとイメージし、あなたがお金を使うことで周りの人や世界がどう変化するか想像しましょう。

あなたが買ったモノや体験によって、あなたは家族や友人とどんな時間を過ごしているでしょうか？

周りの人はどんな表情を浮かべ、どんな風に喜んでいるでしょうか？

モノや体験に意味を与えるのはあなた自身です。どんなに高級なモノを買っても、あなたがそれに満足しなければ意味はありません。買うことをゴールにしてはいけません。買ったモノで自分がどう変わり、どんな時間を過ごしたいか、周りの世界にどんな影響を与えたいか、そのポジティブなイメージを膨らませましょう。

買った後の世界を豊かにイメージできる人はお金を上手に使える人です。お金というエネルギーの交換ツールをうまく使い、世の中でまた新しいエネルギーとお金を手にすることができる人です。

第二章でお金のブロックがない人の代表例としてホリエモンを挙げました。世界を飛び回る実業家のホリエモンであれば、楽々と1億円を使う世界をイメージできるでしょう。そして簡単に1億円を手にすることもできるでしょう。

イメージでお金を使うワークを続けることで、あなたのブロックは少しずつほぐれていきます。その結果、メンタルの財布を広げ、お金の器を大きくすることができるのです。大きなお金が入ってもそれに動じず、上手にお金を使い、お金を回せるようになります。

ワークを続けると、あなたに変化が訪れます。本当にほしいモノやなりたい自分が分かってくるのです。何となく憧れていたブランドのモノはやっぱりいらないなとか、家族と温泉旅行に行くのではなく友人とハイキングに行きたいなとか、お金を使ってしたいことがはっきり見えてきます。

多くの人は自分が本当は何を望んでいるか、どんな自分になりたいかが分かっていません。テレビやインターネット、友人関係など外部からの情報によって、考えが濁ってしまっているからです。悪く言えば、洗脳されてしまっているのです。

イメージでお金を使うワークは、突き詰めると自分自身を知るワークです。お金のブロックを外すだけでなく、自分が大事にすること、自分が望んでいる世界が分かるようになります。ワークを通じて自分をもっと知ってください。

お金への執着をなくす

お金にどうしても執着してしまう人がいます。お金がなくなるのが怖いと思ったり、お金を使うことに罪悪感を持ってしまったりする人です。そのようなタイプの人が簡単にできるワークを紹介します

WORK 9

キャッシュレスに切り替える（実用）

現金を使わない「キャッシュレス」の生活にしましょう。なるべく買いものはスマホ決済やクレジットカードなどを使って、現金を見ないようにしましょう。

第二章ではお金そのものに価値はないということを解説しました。それでも多くの人は財布の中にある紙幣を貴重なものとしてとらえ、できるだけ出ていってほしくないと考えます。お金を無駄使いしないことは大切ですが、お金そのものに固執してしまってはいけません。

キャッシュレス決済ではレジでスマホやカードを出すだけです。紙幣や硬貨を見ずに買いものができるので、**お金を単なる数字としてとらえることができます。**財布からお札や硬貨を出すたびに**「もったいない」などと思っていた感情がわきにくくなります。**ささいなことに思えますが、この感情の揺さぶりが弱まれば、お金そのものに価値があるという思い込みが徐々に薄れていきます。現金を使う頻度が多い人は、ぜひキャッシュレスの生活にシフトしてなるべく現金を見ないようにしましょう。

ただ、お金の管理ができなくなり、つい無駄使いしてしまう人もいます。そういう人は支払いが先送りになるクレジットカードは危険です。事前に入金が必要なスマホ決済や、支払いと同時に銀行口座から引き落とされるデビットカードを使うようにしましょう。

WORK 10 お金の使い先を見直す（実用）

過度に節約する傾向のある人は、人にプレゼントを贈りましょう。見返りを求めず、相手が喜びそうなことを考えてお金を使いましょう。

お金への執着が強く、お金があっても、ため込んでばかりいる人がいます。このタイプの人は、**誰かのためにお金を使ってみましょう。**友人でも家族でも誰でもけっこうです。その人が喜びそうなモノや体験をプレゼントしてみましょう。

ふだんとは違うお金の使い方をすることで、お金を使う新鮮な楽しさと喜びを知りましょう。もし何かお返しをもらったら、断らずに素直に受け取りましょう。お金をため込んでばかりいると社会とのエネルギーの交流ができません。**人のためにお金を使うと、人間関係が広がったり、人から助けてもらえたりします。**社会でお金を循環させることの意義を学びましょう。

もちろん、人のためにお金を使いすぎるのは問題です。お金への執着はなくても、恋人に貢いだり、尽くし過ぎたりする人がいます。このタイプの人はふだんと違うお金の使い方として、**自分のためにお金を使いましょう。**

服を買ったりスイーツを買ったり、ご褒美と思えるモノを自分にプレゼントしましょう。自分をねぎらったり、癒やしたりして、エネルギーを補充しましょう。

人に尽くしてばかりいると、自分のエネルギーが枯れてしまいます。疲れや寂しさをまぎらわせようと、恋人に依存してしまう傾向があります。お酒やたばこ、ギャンブルに逃げてしまうこともあります。自分と人との距離感を保ち、お金の使い先を見直すことが大切です。

第二章で解説したように人にお金を使いすぎる人は自分への自信のなさという課題を持っている場合があります。この課題に対するワークは発展編で紹介します。

狭い世界から飛び出す

お金を使うことに罪悪感がある人は、ふだんはコツコツ節約する日々を送っていると思います。「もったいない」という意識から、贅沢なモノや体験をすることに抵抗があるでしょう。メンタルのブロックがあなたの可能性を狭めています。いつもと違う経験をして、ブロックをほぐしましょう。

WORK 11

非日常に触れる（行動）

お金持ちの人がほしがるモノや場所を、身近に感じてみましょう。実際に買う必要はありません。レンタルしてみたり、足を運んでみたりするだけでかまいません。

ちょっと知恵を絞って、お金持ちの人の世界に触れてみましょう。例えば、いつもコンパクトカーに乗っている人は、カーシェアリングなどを利用して高級外車でドライブしてみましょう。ふだんの車とは違う内装や走り心地を味わい、高級外車に乗る自分がどんな気持ちになるか経験してみましょう。

遠くに行かずに近場の高級旅館やホテルに1泊するというのもいいですね。泊まるお金がなければロビーに行ってみたり、カフェでお茶をしたりするだけでもかまいません。他には高級なタワーマンションの内覧に行くのもおすすめです。

非日常を体験することは思考の幅を広げる効果があります。高級なモノや体験には、それに見合った価値があります。そうした価値に少しでも触れ、それを手にした自分の姿を想像してみましょう。

いくつかプチ贅沢体験をした後に、基礎WORK7〜8をもう1回やってみましょう。今までより多くのアイデアが涌くようになっていると思います。あなたのメンタルの財布が大きくなった証拠です。

お金をたくさん持っている人に会いましょう。大金持ちでなくてかまいません。自分のお給料の2倍くらいもらっている人と会えれば十分です。

モノや場所だけでなく、お金持ちの人にも会ってみましょう。周りにお金持ちの人がいなければ、友人に聞いて紹介してもらうか、お金持ちが集うようなセミナーや勉強会に参加してみましょう。**お金持ちの人と会って話をしたり聞いたりすると、あなたの思考の幅は一気に広がるでしょう。**

私自身、裕福な人と出会うことで大きく人生が変わりました。職場の上司の紹介で今の夫に出会いましたが、当時、夫の年収は私の3倍でした。夫の同僚やその友人と話をしていて驚いたのは、お金についてよく考えていることでした。どうやってお金を運用すればいいのか。これから経済はどうなるのか。当時の自分の友人や同僚との会話では決して話題に上らないことを当たり前のように話していて驚きました。

自分より豊かな人と会えば、会話の内容、着ている服、趣味や嗜好、教育や学びへの姿勢、いろいろな面で自分との違いを知ることができます。外の世界を知り、自分を客観的に見つめるためにとても重要です。

お金持ちの人の考え方がすべて正解とは限りません。ただ、同じくらいのお金しか持っていない人とばかり一緒にいると、外の世界を知ることができません。自分がお金のブロックを持っている事実に気づくこともできないでしょう。

このワークを通して、自分の状況をみじめに思うことがあれば、その気持ちを冷静に受け止めましょう。今の状態が嫌だと知ることは、ブロックを外すための原動力につながります。

「誓い」でお金を呼び寄せる

ここまでワークを進めてくれれば、あなたのお金のブロックはほぐれています。この後のワークで着実にブロックを外していきましょう。

WORK 12 お金を使うことを誓う（イメージ&行動）

何かの目的のためにお金を使うことを誓ってください。そして実際にお金が入ってきたら、その誓いの通りにお金を使ってください。誓いを破ることなく、必ず誓った目的に使ってください。

「1カ月以内にお金が入ればテレビを買い替えます」などと誓いましょう。誓うのは自分自身に対してです。または天界など、大きな存在に誓ってもかまいません。家族や友人に言う必要はありません。お金の使い道は貯金でなければ何でも大丈夫です。「○○

ブランドの高価な家電」など、なるべく具体的に誓ってください。「ケーキのセットを買う」「スーパーで刺身を買う」など小さな買いものでもOKです。

お金の誓いを立てると、不思議とお金が入ってくるタイミングが来ます。会社から臨時の報酬をもらえたり、どこかに預けていたお金が戻ってきたりします。お金が入れば、初心を忘れずに誓いの通りにお金を使いましょう。ケーキを買うと誓ったら、必ずケーキを買いましょう。思ったより小さい金額であった場合は、誓いを実行するための資金として使ってください。

なぜ誓いを立てる意味があるのでしょうか？

あなたが神様だと想像してみてください。自分が祀られている神社に「お金が増えますように」とぼんやり祈る人と、「○○製の冷蔵庫がほしいので○円ください」と具体的に祈る人がいれば、どちらに幸運を授けたいと思いますか？

有望な事業に出資する投資家だったとしても同じです。「何かビジネスをしたいので出資してください」という人と、「○○町にインドカレーの店を開業したいので○○円出資してくだい」という人がいれば、後者の方にお金を出したいと思うはずです。

エネルギーの交換ツールであるお金は使ってこそ意味を持ちます。そのお金は具体的に使う意志を持った人に集まってくるものなのです。

誓いを立ててお金を使う、誓いを立ててお金を使う、というサイクルを繰り返してください。数カ月ほどすると、あなたには誓いを立てたことに対し、自然とお金が舞い込むようになるでしょう。

その段階になると、あなたのお金のブロックはかなりほぐれています。さらに加速させるため、あなたの行動力を高めていきましょう。

WORK 13

何でも「Ｙｅｓ」と答えて行動する（行動）

数カ月間は何でも「Ｙｅｓ」と答えるようにしてください。何かの誘いやチャンスに「Ｙｅｓ」と答え、乗るようにしてください。

誓いのワークでお金が入るようになれば、「Ｙｅｓ」のワークを始めましょう。どんなことがあっても「Ｙｅｓ」と答えて行動するのです。

例えば、飲み会に行きませんか？　と誘われたら「Ｙｅｓ」と答えて行ってください。会社で新しいプロジェクトへの参加を求められたら「Ｙｅｓ」と答えて参加してください。モラルに反する場合や、どうしてもスケジュールが合わない場合などを除き、中身を問わず「Ｙｅｓ」と答えて、その誘いに乗るのです。

お金のブロックがある人は、あらゆる面で行動が遅れがちです。目の前に何かチャンスが訪れても、いろいろ悩んでしまって行動に移すことができません。このブロックをなくし、即行動できるメンタルに変わることが必要です。

お金が入って適切に使えるようになると、あなたのエネルギーの巡りはよくなっていきます。そして、さまざまなチャンスが訪れます。今まで出会えなかったような人と知り合いになれたり、新しい学びの機会を得られたりします。人生を変えるきっかけがやってくるのです。そのチャンスを逃してしまってはダメです。何でも「Ｙｅｓ」と答えて行動に移し、チャンスを手にできるようにしましょう。

ここまでの基礎ワークを実践すれば、あなたのお金に対するブロックはかなりの程度、外れていると思います。次の章は発展編です。少し難しくなりますが、イメージ・行動・実用の3種類のワークを続ければ、あなたのメンタルは生まれ変わります。一緒にがんばりましょう。

潜在意識と会話する?

ワークをやっているとどこかで「こんなの意味があるのかな?」「どうせお金は入ってこないよ」と思うことがあるでしょう。それはあなたの潜在意識がワークの邪魔をして、豊かな人になることを妨げているのです。

そんなときには一度、潜在意識と会話してみましょう。自分の心と会話するのです。

例えば、あなたがハワイに住みたいという目標を考えたとします。すると「いくらお金がかかると思っているんだ?」「どうせ大変なことばかりだよ」などと冷静に考える自分が現れます。その自分に対してなぜそう思うのか、なぜできないとあきらめるのか、聞いてみるのです。そして冷静な自分と議論してみるのです。「お金を稼げば大丈夫だ」「ハワイに行けば楽しい生活を送れる」と反論するのです。

自分を笑う自分を言い負かすことができれば、お金のブロックがなくなっている証拠です。逆に言い負かすことができなければ、まだブロックが残っていると言えます。メンタルを改善させて、潜在意識をどんどん言い負かせるようになってください。

第
四
章

あなたのメンタルをもっと変えるワーク

〈発展編〉

この章では前章でやった基礎編のワークをさらに発展させたワークを紹介します。できれば基礎編のワークをひと通り終えた後に、発展編のワークをやりましょう。メンタルは段階を踏んで整えていくことが大切です。焦る必要はありません。あなたのペースで着実に進めていきましょう。

お金への苦手意識を捨てる

実用的なワークになります。実生活での行動を変えれば、メンタルにも作用します。邪魔くさがらずに取り組んでみましょう。

WORK 14

お金の現実と向き合う（実用）

1週間ごとの自分の支出を把握してみましょう。4週間続けてみて、支出の多い週は何をしたかチェックしましょう。1カ月の支出は、収入をどれくらい上回っていますか？　または下回っていますか？　チェックしてみましょう。

お金のブロックがある人はお金について考えることを避けています。お金への苦手意識があるのです。毎月、あまり深く考えずにお金を使い、どんぶり勘定で生活している人が多くいます。実際、自分にどれくらいお金が入り、どれくらいお金が出ていっているか確認しましょう。

キャッシュレスの生活をすると、スマホなどで簡単に買いものの履歴が見られます。使いやすい家計簿アプリもたくさんあります。こうした便利なツールを使って**家計を「見える化」しましょう。**

1カ月の支出が分かれば、今度はそれを12カ月ぶんで計算して1年間の収入と支出を試算してみましょう。そして、その状態が5年間続くとどうなるか考えてみましょう。「〇年後に貯金が底をつくので今から貯めないといけない」など課題が見えてくると思います。

こうやって家計と向き合うと、将来に不安を覚えるかもしれません。この厳しい現実を直視することが重要です。**お金の問題から逃げていてはダメです。お金の現実と向き合うことは、お金の苦手意識をなくし、ブロックを外すために重要なことです。**

WORK 15

お金について学ぶ（実用）

お金について学びましょう。「お金のことは難しくて分からない」という思い込みから脱しましょう。「お金は誰にでも分かるものだ」と考え直してください。本でも雑誌でもYouTubeでも、何でもいいのでお金について学んでみてください。

私自身もかつてはお金のことは分からないと思っていました。新入社員のころは、すすめられるがまま不必要な生命保険や医療保険に加入し、お給料が少ないのに毎月数万円の保険料を支払い「保険貧乏」になってしまっていました。お金に対する苦手意識があったため、お金に詳しそうな人の言うことを鵜呑みにしてしまい、自分の頭で考えていなかったのです。

家計と向き合うことで課題が見えてくると思います。保険に入り過ぎていたり、家賃が高すぎたり、削るべき支出が分かるはずです。そうした課題が見えたらしめたものです。その課題についてさらに本を読んだりして勉強しましょう。

節約だけでなく、投資について学ぶこともおすすめです。リスクはつきものですが、経済や社会をより深く知ることにつながります。YouTubeでは初心者向けに分かりやすく説明してくれる動画がたくさんあります。「投資」「初心者」などで検索してみましょう。

お金の学びは始めるのが早ければ早いほど高い効果を得られます。「お金は苦手だから」と言わず、自分のために学びましょう。お金について学べば学ぶほど、お金への苦手意識が薄れていきます。

お金の使い方のタブーをやめる

メンタルの観点からは「してはいけない」お金の使い方というものがあります。このページを読んだその日から、ぜひお金の使い方を見直してください。

WORK 16

ストレス解消にお金を使わない（実用）

ストレス解消のためにお金を使うことをやめましょう。お酒を飲み過ぎたり、ゲームをし過ぎたりすることをやめましょう。ストレスはお金をかけずに解消しましょう。

あなたは仕事や家事、育児などでストレスがたまったとき、どんなことで解消していますか？　会社員はお酒を飲むことが多いでしょう。スマホで有料のゲームをする人もいるかもしれませんね。ほどほどであれば、気分転換になります。しかし、やり過ぎてしまうとお金と時間が無駄になってしまいます。

他にもお金の使い方のタブーとしては以下のような例があります。

・ストレス解消の手段として不必要な買いものをする
・「嫌なことを頑張ったから」などと理由をつけて甘いものを食べ過ぎる
・パチンコなどの娯楽やギャンブルに逃げる

ストレス解消のためにお金を使うことは、マイナスの気分を埋めるためのものでしかありません。その瞬間はストレスをごまかせたとしても、マイナスがゼロになるだけです。プラスのエネルギーを生むことはできません。**目先のストレスを解消することに満足してしまい、ストレスの根本を解決する努力をしなくなります。**

ストレスはなるべくお金をかけずに解消しましょう。公園を散歩したり、友人とお茶をしたり、料理をしたり。方法はいくらでもあります。

私は定期的にデジタル機器を使わない「デジタル断食」をしています。現代社会はスマホやパソコン、タブレット端末など、周りにデジタル機器があふれています。ちょっと時間が空くとすぐにスマホをいじってしまう人が多いと思いますが、それを強制的にできなくするのです。

休日はスマホを家に置いて出かけましょう。デジタルな世界から離れ、街並みや四季の移ろいを楽しみましょう。ごはんを食べるときも画面を見ないようにしましょう。デジタルな情報の刺激を受けず、五感で世界を味わうのです。それがおすすめのストレス解消法です。

ストレス解消のためにテレビを見るのもやめましょう。お茶の間でのテレビの存在感は以前より小さくなっていますが、それでも何となくテレビをつけていることがあるかと思います。

テレビでは番組やCMを通じて、企業が発信したい情報が絶えず流れています。アルコールやジュース、ジャンクフード、ブランド品などを視聴者がほしくなるように工夫しています。意味のない誘惑を避けるため、テレビのコンセントは抜くか、部屋にテレビを置かないようにしましょう。

投資目線を身につける

お金の使い方のタブーをやめられたら、今度はポジティブな使い方を知りましょう。

WORK 17
投資目線でお金を使う（行動&実用）

自分にとって「投資」だと思うことに、ケチらずお金を使ってみましょう。勉強でも衣服でも何でもかまいません。将来、役に立つと思うことに使いましょう。

ストレス解消に使っていたお金を、自分自身のために使いましょう。ゼロをプラスにすることにお金を使うのです。一時的な楽しみのためでなく、長期的に人生や生活に生かせるような「投資目線」でお金を使いましょう。

例えば、自転車を買うことは投資と言えます。電車やタクシーに乗らずに自転車に乗れば、お金を節約できます。おまけに運動不足の解消にもつながり、長期的には健康になり医療費も少なくなるかもしれません。お金の面だけでなく、晴れた日に自転車をこいでいると精神的にも充実します。

人前に出るために服を買うのもいいかもしれません。いい服装は自分に自信を与えます。日々のモチベーションを高めるために服を充実させるのは、立派な投資です。

同じ旅行でも、ストレス解消のために旅をするのではなく、見聞を広げるために旅をするように心がけましょう。そうした旅は、投資です。景色や食事、その土地の習慣、文化を自分の体の中に吸収できるからです。

あなたの周りには、いろいろな旅の体験を面白おかしく話す人はいませんか？　そういう人には、いい人もいい情報も集まってきます。新しい出会いが増え、インスピレーションを得られる人生になります。旅を体験や知識として蓄え、自分の資産にするのです。

もし投資かどうか迷った場合は、以下の特徴に当てはまるか考えてみてください。2つ以上当てはまると、投資と考えていいと思います。

□1年を超えて長く使い続ける
□使うたびに、何かよい効果をもたらしたり、節約になったりする
□持っている、または使うことでお金を得ることができる
□新しいビジネスや出会いにつながる可能性がある

自分への投資で大事なのはケチケチしないことです。すぐにメリットが表れるか分からなくても、ケチらずお金を使いましょう。

私のビジネスパートナーの男性を例に出して解説します。彼は大手企業に勤務しながら、証券アナリストという金融関係の難しい資格を取りました。その資格を取るとき、独学で勉強するか、それとも社会人向けの学校に通うか迷ったそうです。独学だとテキストを買うだけなので数千円、学校に通うと数十万円かかります。

彼は学校に通うことを選びました。お金を払うことで勉強せざるを得ない状況に自分を追い込んだのです。学校に通うことで勉強にリズムができ、知識をスムーズに吸収できたと言います。「早くゴールに近づけたのでケチらなくてよかった」と彼は話していました。

勉強だけでなく、仕事や趣味なども独学でやるより、人からコツを教わった方がはるかに早くゴールにたどり着けます。そのノウハウをお金で得られるとすれば、非常に価値のあるお金の使い方だと言えます。

節約志向の強い人は、何事も自分の力だけでやろうとしがちです。何かを学ぶ際は、思い切ってお金を払って教材を買ったり、学校に通ったりすることも考えましょう。誰か詳しい人に食事をおごって教えてもらうこともいい方法です。のちのち役に立つ資産が手に入るのであれば、少々お金を払っても、あとで取り返すことができます。

メンタルのしこりを認識する

第三章で自分を愛することとお金の関係について解説しました。幼少期に負った心の傷が大人になっても残っていると、あなたが「自分なんて」と思ってしまう原因になってしまいます。その意識のせいでブランド品などを身にまとって無理やり自分を高く見せようとしてしまいます。お金がいくらあっても、すぐ浪費してなくなってしまうのです。

そういった「メンタルのしこり」を癒やすワークを紹介します。そのしこりは深い潜在意識に眠っています。すぐに癒やすことは難しいですが、ワークをしていくと着実に効果が表れます。あきらめずに続けましょう。

まずはあなたが自分自身をどう見ているか、チェックしてみましょう。

WORK 18 自分で自身の評価を知る（イメージ）

以下の肯定的な言葉を口に出して言ってみましょう。その言葉を言ったときの自分の感覚を見つめてください。気持ち悪さを感じた言葉の数を数えて、どの言葉に違和感があったかを考えてください。

肯定的な言葉は以下の10個になります。

□私はかわいい（女性）、私はかっこいい（男性）
□私は天才だ
□私は頭がいい
□私は何でもできる
□私は人気がある
□私は輝いている
□私は優しい
□私は強い
□私は夢をかなえられる
□私の未来は明るい

あなたは何個、違和感を覚えたでしょうか？　5個以上違和感があれば、あなたは自分に自信がなく、自己肯定感が低い人だと言えます。

WORK 19

自分の嫌いな部分を見つめる（イメージ）

自分の嫌いなところを書き出しましょう。自信がないことと言い換えても大丈夫です。思いつくままに書いてみましょう。

人からの評価ではなく、自分で自分の嫌だと思うところを書き出してみましょう。「パソコンのタイピングが遅い」「車の運転が苦手」などの表面的なスキルではなく、自分が昔から持っている性格や特徴に目を向けて考えてみてください。うまく思いつかないという人は以下のリストを参考に当てはまるかチェックしてみてください。

□ 人前で話す
□ 人の目を見て話す
□ 初対面の人と話す
□ 人前で歌う

□自分の意見や気持ちを人に伝える
□整理整頓する
□運動する
□身だしなみに気を配る
□何かの作業に集中する
□複数の作業を平行してやる
□コツコツ努力する
□怒りやイライラを抑える
□食欲をコントロールする
□性欲をコントロールする
□異性と適度に触れ合う
□ひとりでゆっくり過ごす
□大人数で過ごす
□経験がないことを始める

自分の顔や体形が嫌いという人は、それによって避けている行動が何かを考えてみましょう。例えば、自分の顔が嫌いで初対面の人と話すのが苦手、体形が嫌いで異性とうまく付き合えない、などがあるかと思います。

自分の嫌な部分に目を向けるのは気分がよいものではありません。もし落ち込んだり不快な気分になったりする場合は、自分の好きな部分を同じ数だけ書き出しましょう。それもあなたを分析する効果的な方法です。

メンタルのしこりを癒やす

自分自身を知るワークをすれば、冷静に自分を知ることができます。自分に自信がなかったり、自分を嫌だと思ってしまったりするのは「メンタルのしこり」があるからです。次に、そのしこりを癒やすワークをしたいと思います。

WORK 20

自分の評価を上げる（イメージ&行動）

WORK18でとくに違和感があった言葉を思い出してください。複数でもかまいません。その言葉を毎朝、または毎夜、自分自身に向かって言いましょう。

あなたが「私は頭がよい」という言葉に強い違和感があったとすれば、その言葉を自分に投げかけましょう。忘れないようにするため、朝に顔を洗うときや、夜に歯を磨くときなど、毎日決まった行動の中に組み入れましょう。

特定の言葉ではなく、たくさんの言葉に違和感があった場合は、「私は素晴らしい人間だ」など、いろいろなポジティブな言葉を言いましょう。自分が自信を持ちたい内容の言葉を選んで言ってもいいでしょう。

ポイントは毎日、定期的に、違和感がなくなるまで、言い続けることです。どんな言葉も言い続けると慣れてきます。違和感が薄れたら、それは潜在意識が変わった証拠です。自分に対するネガティブな意識がポジティブなものとなり、あなたの自己肯定感は以前より高まっています。

WORK19の自分の嫌な部分の中で、解決したいものを選びましょう。自分がそれをいつから持っているか思い出してみましょう。その当時の自分の姿をイメージして、大人のあなたが会いに行きましょう。そして、語りかけたり手伝ったりして、当時のあなたを助けてあげましょう。

これは深くイメージすることが必要なワークです。できれば静かな環境で心を落ち着けて取り組みましょう。

例えば、人前で話すことが嫌で苦手だったとします。いつから人前で話すことが嫌になったか、過去を振り返ってみましょう。小学校の発表会で失敗したとか、嫌になったきっかけまで突き止められるといいですね。難しければ、小学生や中学生のいつごろか、おおまかな時期を考えてみましょう。

時期が分かれば、頭の中で当時の自分の姿を思い出します。あなた自身だけでなく、当時の教室や友人など、周りの風景も思い出しましょう。イメージができれば、そこに大人のあなたがそっと近づきましょう。

当時のあなたがしてほしかったことは何でしょうか？　代わりに発表してもらうことでしょうか。それとも「大丈夫だよ」「つらかったね」と言ってもらうことでしょうか。周りの先生や友人に何かを伝えることでしょうか。それとも守ってもらうことでしょうか。

当時のあなたがしてほしかったことをしてあげてください。してあげたら、当時のあなたをぎゅっと抱きしめてあげてください。当時のつらかった気持ち、恥ずかしかった思い、悲しかった記憶を癒やしてあげてください。それができれば終了です。

このワークは何度やっても大丈夫です。いろいろな記憶をたどり、複数の場面で当時の自分を助けてあげてください。そして、そのたびに優しい言葉を投げかけてあげてください。あなたが当時の自分に会いに行けば会いに行くほど、あなたのメンタルにあるしこりは解消されていきます。

日常生活で「どうせ」などとネガティブな言葉を使わないように心がけましょう。「疲れた」を「がんばった」に言い換えるなど、なるべくポジティブな言葉遣いにしましょう。

自分を愛せない人は言葉遣いがネガティブになりがちです。日常的にそうした言葉を使っている人は、ポジティブな言葉に変えましょう。「めんどくさい」「つまらない」は「やりがいがある」などに言い換えましょう。

言葉には「言霊《ことだま》」と言って、霊的な力があるとされています。あなたの発した言葉は人に伝わり、世の中に広まっていきます。ネガティブな言葉はネガティブなエネルギーとなり、ポジティブな言葉はポジティブなエネルギーとなって拡散します。そのエネルギーはやがてあなたに返ってきます。

あなたが毎日話す言葉があなたの世界をつくっています。あなたの潜在意識にも、あなたが発する言葉が刷り込まれていきます。ぜひポジティブな言葉を使って、あなたの外と内の世界を明るくしていきましょう。

深い傷を癒やす

続けて、もっと深いメンタルのしこりを癒やすワークを紹介します。これは生きていることにつらさを感じるような、大きな心の傷がある人向けです。ここまでのワークが必要ない人もいます。必要だと思う人だけ取り組んでみてください。

WORK 21

昔の自分に語りかける（イメージ）

自分が傷ついた時期を思い出し、その当時の自分の写真に語りかけてください。写真がなければ頭の中で自分の姿を思い描いてください。赤ちゃんのころでも小学校のころでもかまいません。「もう大丈夫だよ」「生きてくれてありがとう」など、存在そのものを認めてあげる言葉を、何度も何度も語りかけてください。

「生きている価値がない」と思ってしまっている人は、幼少期の経験が心の傷として残っています。親と過ごす時間が極端に少なかったりすることが原因です。

「自分の価値は低い」と思い、お金を使わなければ周りから人が去っていってしまうという強迫観念を持っています。第三章の基礎ＷＯＲＫ10（113頁）の「お金の使い先を見直す」で例に挙げた、友人や恋人の気を引くために過剰にお金を使ってしまう人が当てはまります。

写真を見て、自分自身を認めてあげましょう。自分自身の存在をほめてあげましょう。あなたは生きている価値があります。あなたは素晴らしい人生を送るために生まれてきました。あなたが過去に経験した苦労は大きな学びとなり、これからの人生の糧になります。つらい過去の記憶はあなた自身で乗り越えることができます。

語りかけることに加え、自分で自分の体に触れましょう。母のような大きな存在によって、優しくなでられていることをイメージしましょう。

赤ちゃんがお母さんに体を触れられると喜ぶように、あなたが自分自身を癒やしてあげましょう。腕や足など場所はどこでも大丈夫です。お風呂上りに保湿クリームを塗る習慣がある人は、そのときにイメージを膨らませてもいいですね。寝る前に家でするだけでなく、仕事中に手の甲をなでるなどして思いついたときにするようにしましょう。

あなたの「心の中の子ども」のさびしい、つらいという気持ちを癒やしてあげることが大切です。体を冷やすことも寂しいという感覚につながります。温かいお風呂に入ったり、お鍋を食べたりしてなるべく体を冷やさないように心がけましょう。

お金を生み出す準備に入る

ここまでワークを続けてくれれば、あなたのメンタルは着実に変わっているでしょう。あなたはお金を手にするメンタルの土台ができあがっています。いよいよ自らお金を生み出すステップに入りましょう。

WORK 22

お金を得るために「ワクワク」を知る〈イメージ〉

あなたがワクワクすること、好きなこと、得意なことをクリアにしましょう。それを突き詰めることが、お金に愛される人生を送る上で重要な要素になります。

このワークはあなたがビジネスを始めるための準備です。多くの人は「私は凡人だから」「私には特別なスキルなんてない」と思ってしまい、ビジネスを始めることをためらいます。ビジネスには人よりずば抜けた才能や個性は必要ありません。「ちょっと変わった趣味」「好きでずっと続けていること」などで大丈夫です。自分では普通だと思っていることでも、意外とそこにビジネスの種が眠っていたりします。

あなたのワクワクや好きなこと、得意なことを知るため、以下の10の質問に答えてみてください。回答は思い浮かぶだけたくさん挙げてください。「ワクワク」とは心が躍る感覚です。遠足の前の日のような気持ちだと思ってください。

□子どものころ、何にワクワクしていましたか？
□大人になっても続けているワクワクすること、好きなことは何ですか？
□空いた時間にすることは何ですか？　なぜそれをしますか？
□あなたが周りの人から褒められることは何ですか？
□あなたが過去に悩んでいて克服したことは何ですか？
□昔は得意だったこと、またはずっと得意なことは何ですか？
□自分の性格でどの部分が好きですか？
□周りの人より詳しいことは何ですか？
□お金を払ってでも学びたいことは何ですか？
□仕事やお金を気にせずに生活できるとしたら、何をしたいですか？

どんな答えが思い浮かびましたか？　人と比較するのではなく、あなた自身がどんな人かを考えてみましょう。家族や友人、同僚に聞いてもかまいません。子どものころも思い出しながら、いろいろな角度で自分を見つめてみましょう。

混同しがちですが、得意なこととスキルは違います。得意なことというのは、あなたがずっと持っている特性や才能です。スキルは大人になるまでに学んだ知識や技術です。スキルも大切ですが、まずは得意なことが何かを突き詰めて考えましょう。

ビジネスをする上で大切なのは、「ワクワク」または「好きなこと」、それに「得意なこと」をかけ算することです。どちらか一方が欠けると、ビジネスを続けることが苦痛になってしまいます。両方が組み合わさると、継続したり学んだりすることが苦ではなくなり、成功する可能性が高くなります。

私は昔からスピリチュアルな世界や考え方を探求することが好きです。そして、子どものころから人前で話すことが得意でした。その2つをかけ合わせてYouTubeを始め、今に至ります。反対に事務処理は苦手なので他の人にサポートしてもらっています。

ぜひ、あなたの好きなこと、得意なことを考えてみてください。その上で、やりたいビジネスのイメージを膨らませましょう。ヒントはあなたが出した答えの中にあります。このイメージワークがビジネスを始めるための重要な土台になります。

決して「儲かりそうだから」という理由でビジネスを始めないでください。人気のビジネスは時間とともにライバルが増えて競争が激しくなります。そして何よりもビジネスの目的がお金だけになってしまいます。もちろん利益を得るのは必要ですが、もっと重要なのはあなたがビジネスを通してどんな人生を送りたいか、世の中をどうしたいかということです。

お金を目的にしたビジネスはお金に縛られ、お金のために働くことになります。ワクワクという気持ちがわきにくいのでエネルギーが枯渇してしまいます。結局、長期的に続けることができなくなるのです。

人生の目標を決めよう

あなたにお金のブロックや執着がなくなり、お金の悩みが解消されたとしても、そこがゴールではありません。お金はツールです。お金を上手に使って、理想の生き方を実現することが大切です。

WORK 23

人生の目標を立てる（イメージ）

この先の人生でやりたいこと、実現したいことを決めましょう。3カ月後、半年後、1年後に分けて考えましょう。それが終われば、3〜5年後の先の未来を描きましょう。その際、年老いた自分をイメージしてください。今のあなたを振り返り、「やっておいてよかった」と思えるような目標を立てましょう。

あなたの人生の目標は、前のワークで探求した好きなことや得意なことの延長線上にあります。そこで挙げたことを踏まえながら、将来の理想の自分の姿を思い描いてみましょう。ここでもお金を目標にしてはいけません。お金を使って何をしたいか、どんな生活を送りたいかを改めて考えましょう。

なるべく具体的な方がいいと思います。例えば、**「3カ月後には同じ業界で海外転勤ができそうな会社に転職する」「1年後にはその会社で新規事業のプロジェクトを始める」「5年後にはシンガポールに転勤する」**など、未来のロードマップを描きましょう。

プライベートと仕事を分けて考えてもけっこうです。仕事の目標であれば「1万人から相談を受ける」といったように、具体的に数字を入れるといいですね。

目標はバラバラではなく、つながっているようにしましょう。3カ月後に車を買う、1年後に資格を取得するなどの目標だと関連性がありません。階段を上るように、目標をステップアップさせるイメージで考えましょう。

3~5年後の自分をイメージする際は、お金の心配をしないでください。お金の悩みから自由になったと仮定して、何をしたいか考えてみてください。

目標をうまく立てられないという方は、以下の質問に答える形でイメージを膨らませてみてください。

□どんな部屋、家、地域に住みたいですか？　広さや間取り、インテリアなども具体的に考えてください。

□どんな時間帯に、どれくらい働きたいですか？

□どんな仕事をしていたいですか？

□どんな人と一緒に働きたいですか？

□どんな人と一緒に生活したいですか?
□休みの日はどんな風に過ごしたいですか?
□どんな趣味を持っていますか?

目標が決まれば、それがかなった状態にいる自分をイメージしてください。どんな人と過ごし、どんな気分でどんな毎日を送っているか、頭の中で強く思い描いてください。

理想の現実を引き寄せるためには、理想の未来を決めることが大切です。そして、その未来をありありとイメージするのです。理想の状態にいる自分の姿をリアルにイメージできれば、引き寄せる力が強くなります。

日常生活でそのイメージを持ちながら生活しましょう。まずは3カ月後の目標が実現すると思い込み、その前提で生活するのです。「実現するかな?」ではなく、「実現する!」という意識を持つのです。半年後、1年後、5年後、10年後の未来もそうした意識を持っていれば、実現する可能性が高くなります。

ビジネスで気づきを得る

ある程度の目標を立てた後はその実現に向けてビジネスを始めましょう。WORK22（149頁）で考えたワクワクを踏まえ、自分で稼ぐことにチャレンジしましょう。

WORK 24
自分のビジネスを始める（行動&実用）

あなたのワクワクや目標に沿って、ビジネスプランを考えてください。月1万円でもかまいません。1回限りではなく、継続的に稼げるようなプランを練りましょう。

ここでも「私のスキルでビジネスなんて無理！」と思う人が多いでしょう。その思考はまさにブロックです。そのブロックを打ち破るためにも、ビジネスを始めるという行動を取りましょう。

ビジネスのハードルは昔に比べて下がっています。ブログを書いてアフィリエイト（広告）で稼いだり、ネット通販のお店を開いたり。Zoomなどのコミュニケーションツールを使って、誰かの相談に乗ったり、得意なことを教えたりもできます。空き部屋をレンタルして、趣味の延長で教室を開いてもいいでしょう。

ビジネスを始めるイメージはこんな感じです。あなたは餃子が大好きで、家族からも「お母さんの手作り餃子はおいしい」と言われているとします。その場合はまず、ブログやYouTubeで餃子をつくる手順やコツを発信しましょう。単なるレシピの紹介だけでなく、過去の失敗談や家族の声なども交え、あなたらしさが伝わるように工夫しましょう。各地の餃子の名店に行って「餃子ログ」を残してもいいですね。

ある程度、ビュー数やファンが増えてくれば、おすすめの餃子の料理本やお取り寄せの冷凍餃子を紹介して広告収入を得るようにします。最初は数百円とか数千円とか小さな金額ですが、あなたのブログやYouTubeが育ち、コンテンツが増えてくれば継続的にお金を生めるようになります。

ブログやYouTubeを伸ばす秘訣のひとつとして、「さらけ出す」ことがあります。よく見せようとか、キレイに整えようとか思わず、あなたのダメな部分も見せましょう。

田舎、借金、シングルマザーなど一般的にはマイナスのイメージのことも、ありのままの姿を発信していけばファンを獲得できるでしょう。

最近のYouTubeでは普通の主婦が借金の額を公表したり、冷蔵庫の余りもので料理したりする動画をアップしています。リアルな内容が主婦の共感を呼び、何万回も再生される動画も少なくありません。このように、自分では欠点だと思っていることもビジネスになり得ます。「どうせ」という考えを捨てて、ビジネスを始めてみてください。スマホでもできますので、元手はほとんどかかりません。

ビジネスをしてみるといろいろな学びがあります。どうすれば視聴者が増えるか、どうすればリピーターになってもらえるかを考えます。自分の強みや弱みも改めて知ることができます。

自分にお金を出してくれる人がいることに大きな喜びを感じ、努力が苦ではなくなります。それがビジネスをもっと大きくするためのエネルギーになります。

人生の目標に沿ったビジネスであることが望ましいです。将来、会社を辞めて地方に移住したいという目標があるとすれば、ウェブを活用してどこに住んでいても商品やサービスを売れるようになると目標に近づけます。

ただ、最初は目標と直接リンクしていなくてもいいです。ビジネスを続けていくうちに、どこかで目標とつながる道が見えてくるでしょう。

会社勤めだけでは、自分で稼ぐという実感がなかなか湧きません。自分でビジネスをしてお金が世の中で循環することを経験し、お金に対する感覚を研ぎ澄ませましょう。お金のメンタルを鍛えて豊かな人になるには、自分でビジネスをすることがとても大切です。

お金が舞い込むイメージの練習

最後にもう一度、潜在意識を書き換えるワークをしましょう。「どうせお金は入ってこない」という意識から「お金が入ってくる」という意識に書き換えるのです。

WORK 25

お金が入るマインドを鍛える（イメージ）

寝る前にベッドの上で、自分の体と部屋に金貨がジャラジャラと入ってくる光景をイメージしましょう。窓の外の広い世界から、キラキラと光る金貨が大量に飛んできます。その金貨が部屋全体を埋め尽くし、あなたの体も満たします。

寝る前でなくてもかまいませんが、なるべく静かな環境で目をつぶってイメージしましょう。イメージがリアルであればあるほど、潜在意識に強く響きます。1回ではなく、定期的にやることで効果が高まります。

金は古代より豊かさの象徴とされてきました。お札にはエネルギーはありませんが、金は金運をアップさせるエネルギーを持っています。銀やプラチナはそこまで金運のエネルギーはありません。鉱物の中でも金のエネルギーを味方につけることが大切です。

もしお金に余裕があれば、金貨を買ってみましょう。そのときの相場によりますが、貴金属店で1枚あたり数万円から購入できます。実際に金貨を手に取ってみると、サイズが小さいわりにずしりとした重さがあることに驚くと思います。純金の指輪でもかまいません。

敏感な人は金を手に取ると、そのエネルギーを感じることができます。金を手で握って、金貨が飛んでくるイメージをするのもいいでしょう。

WORK 26 腹をくくる（イメージ）

大きな存在（天界や宇宙のエネルギー、またはあなたが信仰する対象）があなたに「お金持ちになりたい？」と聞いてくるイメージをしてください。それに「はい！　なります！」と心の中で答えてください。

お金が舞い込むイメージができれば、次はそのことに腹をくくりましょう。腹をくくるとは、あなたが豊かな人になる決心をすることです。

大きな存在はいろいろな条件をつけて、あなたに覚悟を聞いてきます。以下のような条件があったとしても、あなたはお金持ちになりたいと思いますか？

□今の生活が忙しくなっても
□今の生活に変化が起こっても
□今のパートナーシップに変化が起こっても
□のんびりする時間がなくなったとしても
□嫌な上司がやってきても
□苦手な部下がやってきても
□劣悪な環境に置かれたとしても
□大変な思いをしたとしても
□少し体調を崩したとしても
□緊張することが増えたとしても
□苦しい環境が増えたとしても
□やったことないことにチャレンジしないといけなくても

これらの条件があっても、あなたはお金持ちになりたいと思いますか？「この条件はちょっと……」とためらうものもあるかもしれません。しかし、お金持ちになるには「腹をくくる」ことが大切です。「こういうことはしたくない」と思ってしまえば、入ってくるお金の量が減ります。少し違和感があっても、「はい！　なります！」と思い切って誓いましょう。

自分でビジネスを始めると、いろいろな試練に直面します。上記のような条件が訪れるかもしれません。お金が入る人は、財布の器が大きい人です。あなたの財布の器の大きさは、腹がくくれるかどうかで決まります。どんな環境になったとしても、知恵とスキルで乗り越えられると思ってください。自信のなさや、生活を変えたくない頑固さに気づいたならば、それを手放してください。

もし「そこまでしてお金はほしくない」と思うのであれば、それもあなたの自由です。心の準備が整ってから、誓うようにしましょう。

Learning to Attract Wealth and Happiness

第五章

「お金に愛される人」になったあなたへ

ワークの先にあるもの

第三章と第四章ではたくさんのワークを紹介しました。「メンタルが変わったのを実感できた！」という人もいれば、「全く効果が感じられない」「ワークを続けられない」という人もいるでしょう。

メンタルの状態は人それぞれ違うので、ワークの効果が表れる度合いやタイミングには個人差があります。また、すべてのワークをやるには時間と根気がいります。「早く変わりたい」と焦ってしまっては途中で力尽きてしまいます。無理のないペースで少しずつ続けていきましょう。

第五章では、最初にあなたがお金に愛されるメンタルになっているかどうか、チェックをしてみたいと思います。チェックの結果を踏まえて、必要だと思えばワークを繰り返しやってみましょう。

そして、あなたがお金に愛されるメンタルになった後の生活や生き方についてアドバイスしていきます。本書のワークをがんばって実践していくと、あなたの潜在意識は揺さぶられ、どんどん書き換わっていきます。潜在意識が変わるとお金との付き合い方だけでなく、人間関係や衣食住に対する考え方や、人生観なども変わっていきます。

潜在意識が変化したあなたは、もはや以前のあなたとは違います。今まで仲よしだった人と会話がかみ合わなくなったり、買っていたモノに満足できなくなったりします。

そんなときに戸惑ってしまうことがあるかもしれません。第五章では「お金に愛される人」になったあなたが、人間関係や衣食住についてどう向き合えばいいか、個別に解説していきます。

お金というのは生きるためのツールです。お金との付き合い方が上手になれば、お金というツールを使いこなし、今まで以上に人生をよくしていくことができます。第五章でそのお手伝いをしていきたいと思います。

本書のワークでは自分自身の過去や考え方を深く内省することをしてもらいました。その作業を続けると、あなたのひらめきや直観力が高まります。人間が本来持つ動物的な感覚も高まっているはずです。

第五章では各所にスピリチュアルな視点を盛り込んでいます。スピリチュアルと聞くと、「うさん臭い」と思われるかもしれません。しかし、人間がこの世に生まれ、この時代に生きていること自体がスピリチュアルであり、神秘的なことです。これまでスピリチュアルに縁が薄かった人もそうした視点を大事にしていくことで、もっと豊かな生活を送れるようになると思います。

メンタルが変わったかをチェックしよう

ここで、あなたがお金に愛されるメンタルになっているかどうかチェックしてみましょう。以下の項目に当てはまっているか考えてみてください。

□お金について悩む時間が減った
□お金を使うときに嫌な気分がなくなってきた
□お金をもらうことへのためらいが減った
□臨時収入が入ったり、昇給したりするチャンスが増えた

□ストレス発散のためにお金を使うことが減った
□「安いから買う」という行動をしなくなった
□周りに豊かな人が増えてきている
□今までなかったような新しい出会いや出来事が増えた
□部屋が片付いた状態をキープしている
□言葉遣いがポジティブになってきた
□自分に自信を持てるようになった

思い当たる項目が多ければ多いほどよい兆候です。お金に対するブロックがなくなり、潜在意識がポジティブなものに変わっていると言えます。

お金のメンタルが整うと、ラッキーなことやチャンスが訪れるようになるでしょう。物事がポンポンと進むようになります。会社で大きな仕事を任されたり、希望していた転勤がかなったりします。そこまで目立った変化ではなくても、探しものが見つかるなど小さなラッキーが続いたりします。

あなたの潜在意識が書き換わると、表情や行動、言葉遣いなどがポジティブになっていきます。そんな変化を周りの人が無意識に感じ取り、あなたにチャンスを与えてくれるのです。

さらに、あなたは「自分はお金を得られる」「お金が舞い込む」という自信があるので、**目の前の幸運に目が向きやすくなります。今までは見逃していたような、ささいな出来事にも注目することができます。**いろいろな幸運をつかみやすい状態になっているのです。

上記のチェック項目に当てはまる項目が少なければ、お金に対するメンタルの土台がまだ整っていないと言えます。その場合はこれまでのワークで足りないと思うものをやりましょう。

ワークは定期的に複数回やったり、長く続けたりするほど効果が出やすくなります。繰り返し潜在意識に影響を与えることによって、書き換えが起こりやすくなるからです。日常の自分のメンタルや行動を見返し、ワークをやってみてください。

モチベーションが下がってしまったときは、第四章のＷＯＲＫ23（153頁）で考えた人生の目標を見返してください。将来やりたいこと、住みたい場所、一緒にいたい人を頭の中でイメージしてください。それをかなえた自分を思い描き、充実感ややりがいを想像してみてください。将来の姿を思い描くことで、ワークを続ける意欲がわいてきます。その未来を引き寄せる力も高まります。

メンタルが変われば人間関係も変わる

ワークを続けてメンタルが変化してくれば、日常生活にいろいろな変化が表れてきます。そのひとつが人間関係です。**これまで仲よくしていた友人や同僚と話が合わなくなったり、趣味が違ってきたりします。**

以前まではカラオケや飲み会などで楽しく過ごせていても、メンタルが変わればそういったことが無駄だと思う瞬間がやってきます。友人と一緒に時間を過ごすよりもひとりの時間を優先したくなるのです。

お金に対する考え方や意識が変われば、楽しいと思うことや、やりたいと思うことが変わります。それが人間関係にも影響するのは自然なことです。

気が合わなくなった友人や同僚と無理に一緒にいる必要はありません。相手の気分を害さないように配慮しながら、遊びなどの誘いは理由をつけて断りましょう。「断ってばかりだと嫌われるかな？」と心配する必要はありません。気が乗らない付き合いのために、時間とお金を浪費することはやめましょう。

一緒にいるべきなのは、あなたが描く「未来の絵」にいる人です。ワークで描いた人生の目標を思い出してください。あなたの半年後、1年後、5年後に一緒にいる人は誰でしょうか？　あなたが一緒にいて楽しい人、落ち着く人、学びを得られる人など、未来の絵の中に映っている人はどんな人でしょうか？

もし絵の中にいれば、その人との関係を大事にしましょう。未来の絵の中にいることがイメージできない人とは、離れてしまっても仕方がないかと思います。

「もし友人がいなくなったらどうしよう」と不安に思わなくても大丈夫です。新しい友人や仲間を無理に探そうとするのはやめましょう。メンタルが整った後は、そのメンタルの状態に合った友人が現れます。自分でビジネスを始めれば、そのビジネスを通じた出会いもあるでしょう。ゆっくり焦らずタイミングを待ちましょう。

家族や恋人との関係も変わってきます。私が相談に乗ってきた多くのクライアントが言うのは「夫（妻）と話ができなくなった」という悩みです。潜在意識が変化すると、夫婦でのお金や生活に関する意見が食い違ってきて、会話が成り立たなくなることがあるのです。

価値観が異なってしまった場合、溝を埋めるのは大変です。がんばって説得しようとしても、反発されてしまいます。無理に溝を埋めようとせず、「お互いの考え方は違ってもいい」と受け入れる方がよいでしょう。

家族や恋人であっても一緒にいるのがつらくなった場合は、我慢して長い時間を共に過ごす必要はないと思います。同じ家に住んでいれば難しい面もありますが、休日は別々に行動するなど、たまには距離を置くことも必要です。

孤独を楽しむことも大事です。ひとりで旅行したり勉強したりする時間を持つことは、とても幸せなことです。もし友人や家族との関係が薄れていっても、自分がやりたいことを追求できる喜びをかみしめましょう。

自分らしい働き方とは？

生きていくためにはお金が必要です。莫大な資産がある人や、安定収入を得られる不動産を持っている人などを除き、お金を得るためには働く必要があります。お金のメンタルが改善できたら、3つのポイントで「自分らしい働き方」を考えてみましょう。

1つ目のポイントは「必要なお金の量から考える」です。発展編の後半のワークでは自分自身を振り返り、人生の目標を考えてもらいました。その作業を一通り終えると、自分がどんな人で何をしたいかが少しずつ分かってきたはずです。そして、自分の人生でお金がどれくらい必要かも見えてくると思います。

もし将来的に海外移住したいのであれば、ある程度まとまったお金があった方が安心です。地元の実家に戻って家族とゆっくり過ごしたいのなら、それほどお金はいらないかもしれません。誰もが大金持ちにならなくてもいいのです。自分がやりたいこと、実現したいことができる量のお金があれば十分なのです。

必要なお金の量がクリアになれば、今の仕事を辞めるか続けるかを考えやすくなります。貯金するためにしばらくは嫌な仕事を我慢して続けるか。やりたい仕事を優先して給料が減ってもいいから転職するか。将来の人生の目標を踏まえて、いろいろな選択肢の中から自分に合ったものを選びましょう。

2つ目のポイントは「自分のメンタルの性質から考える」です。世の中にはさまざまなタイプの人がいます。何でも不安に思ってしまう人もいれば、あまり細かいことは気にしないポジティブ思考の人もいます。人それぞれの性質であり、良い悪いはありません。これまでのワークを思い出して、自分がどんなタイプを考えてみてください。

不安症の人が他の仕事をしたいと思ったとします。でもあまり急いで転職してしまうと、新しい環境でストレスを抱えてしまいます。この場合は焦らず慎重に転職活動を進めるとか、今の職場でいったん別の担当に替えてもらうとか、なるべく不安を抱かない道を考えた方がよいでしょう。逆に、行動派の人は失敗を恐れずにどんどんチャレンジしていった方がうまくいく場合もあるでしょう。お金だけでなく、メンタルの面からも自分に合った選択肢を考えましょう。

3つ目のポイントは「自分のビジネスの成長から考える」です。自分のビジネスを始めたら、収入の目標を決めましょう。「1年後に月収10万円を稼ぐ」「会社の給料の半分を稼ぐ」などと定めて、それに向けて努力を続けましょう。そして目標が達成できたらどうするかを考えるのです。いくらまでお金が貯まれば会社を辞めるといった風に、自分のビジネスの成長を見据えて人生設計を描きましょう。

会社員として働いて得られるお金には限界があります。自由に使える時間も決められてしまいます。一方、自分のビジネスが成長すれば、得られるお金も使える時間も増やすことができます。**高いレベルの豊かさを手に入れるには自分のビジネスを育てることが重要です。**ぜひ自分のビジネスを大きくさせて人生の自由度を高めていきましょう。

メンタルにやさしい食を取ろう

お金のメンタルが整ってお金の悩みが解消されてきたら、「衣食住」を見直しましょう。潜在意識が書き換わると、今までの衣食住では物足りなくなってきます。衣食住を充実させれば、メンタルをよりよい状態に保ちやすくなります。それぞれが補完関係にあり、バランスを欠いてはいけません。

とくに「食」はお金と密接に結びついています。本当に豊かな人は節約のために粗悪な食べものでお腹を満たすことはしません。食事が人生においてとても重要だということを知っているからです。

あなたの体はあなたが食べたものや飲んだものでできています。肉体だけではありません。脳の働きやメンタルにも影響を与えます。長期的にメンタルを整え、お金に愛される人生を送るには、食に対する気配りが欠かせません。

食事に気を配ることは自分自身を大切にすることにつながります。自信や自己肯定感が高まり、ストレス解消のために無駄なお金を使うことも減ります。

食にお金を使うとは、必ずしも高級な食事をすることではありません。安くて手っ取り早くお腹を満たせる食生活をやめて、少し高くても体にやさしい素材の食事に変えることです。本書は食をテーマにしたものではありませんので、最低限の3つのポイントだけお伝えします。

1つ目は悪い砂糖を含んだ食事をやめることです。悪い砂糖とは真っ白でサラサラに精製された砂糖やシロップのことです。コンビニやスーパーで売られている多くのパンやお菓子にはこの砂糖が使われています。甘い缶コーヒーや清涼飲料水にもたっぷり入っています。

一般の家庭で食べられる普通の白米や食パンにも糖分が多く含まれています。現代社会では砂糖を取り過ぎてしまいがちです。精製された砂糖だけでなく、甘いもの全般をなるべく控えるように心がけましょう。米やパンはできるだけ玄米や全粒粉パンを選ぶようにしましょう。

2つ目は加工を重ねた悪い油の摂取を控えることです。コンビニなどの総菜やスナック菓子などに使われる油は加工されています。血液中の悪玉コレステロールが増え、食べ過ぎるとがんや動脈硬化などの病気の原因になるとされています。

加工された油だけでなく、牛肉や乳製品にも脂質がたくさん含まれています。ふだんから油っぽいものを多く食べる人は、油全般の取り過ぎに気をつけた方がよいでしょう。

3つ目は添加物を避けることです。添加物には保存料や人工甘味料、着色料などがあります。私は食品を選ぶときはパッケージの表示を見て、カタカナの名前がずらりと並んでいる食品は買わないようにしています。よく分からない物質を体の中に入れたくないからです。ソーセージやハムなど添加物が多い加工肉やレトルト食品はほとんど買いません。

添加物の体への影響は諸説ありますし、こだわりすぎると食べるものがなくなってしまいます。気になる方は添加物について調べてみてください。その上でどこまで摂取するか、ご自身で考えてみてください。

食生活の理想を言うと、自然のものをなるべく自然な形で食べることです。生のお肉や魚、野菜を買ってきてシンプルな味つけで調理して食べれば、脳や体に負担がかかりません。味噌や漬物など発酵食品を取り入れて、腸内環境を整えることもおすすめです。

食に使うお金は一種の「投資」です。心身の状態が整えば仕事のパフォーマンスが上がるほか、医療費や薬代でお金が出ていくこともなくなります。少し食費にお金がかかったとしても、投資の視点を持って食生活を考えるようにしましょう。

衣服でエネルギーを整えよう

衣服はあなたのメンタルやエネルギーにも影響を与えます。できるだけポジティブな状態でいるために、衣服は大切な要素です。

まずは基礎ワークでやった「捨てる」を続けることが大切です。着ない服はなるべく捨てることを継続しましょう。クローゼットに古い服がたまっていると、服選びに迷ってしまったり、無駄な時間を費やしてしまったりします。季節の衣替えのタイミングなどを利用して整理整頓を心がけましょう。

パリッとしたキレイな服を着た人は大勢の集団の中にいても目立ちます。逆にヨレっとした服を着た人はどこか暗く、くすんで見えるものです。これは服のせいだけではありません。よい服を着ることがその人の自信やモチベーションになり、集団の中での存在感を高めているのです。

衣服の天敵は「ヨレ・シワ・シミ」の3つです。毛玉の飛び出た服を着ることもやめましょう。服は着れば着るほどへたってきます。着る人の運気も下がると思った方がよいでしょう。へたった服は捨てるか、アイロンをかけるなど工夫して、光沢やハリのある服を着るようにしましょう。

家計に余裕が出てくれば、服のグレードを上げることもおすすめです。ユニクロやしまむらの服ばかり着ていた人は百貨店のブランドなど少し高級な服を買ってみましょう。ユニクロやしまむらは価格の割に品質はよいですが、高級な服はやはり細部のデザインや素材にこだわりがあります。

すべての服を高級な服にする必要はありません。まずは少しだけ着てみることで高級な服のよさが分かり、お金持ちがそのような服を買う理由が分かります。服を通してお金持ちの世界に仲間入りしましょう。

服選びについて少しスピリチュアルな視点でアドバイスすると、自分のエネルギーに合った服を着ましょう。エネルギーとは、その人のオーラや性質、雰囲気などと言い換えることもできます。着ている人と服とのバランスがマッチするので、美しく見られます。

人間のエネルギーは大きく「陰」と「陽」に分けられます。陰のタイプは落ち着いていて、ひとりが好きで、研究熱心で、内側にこもりやすい人です。このタイプは青や紫など寒色系が似合います。一方、陽のタイプは明るく能動的で外交的な人です。このタイプは赤やオレンジなどの暖色系が似合います。自分がどちらのタイプに近いかを考えて、コーディネートに取り入れてみましょう。陰陽の中間のタイプは黄色や水色など中間色を選ぶといいと思います。

もし金運にフォーカスして運気を上げたいのであれば、黄色や金色のモノを身につけましょう。第四章で鉱物である金には豊かさのエネルギーがあることをお伝えしました。黄色や金色の服を身にまとえば、自分自身を金のエネルギーに近づけることができます。そうした行動によって「豊かさが舞い込む」ということを潜在意識に刷り込む効果も得られます。

家が運気上昇のカギ

「衣食住」の中で、最後の住について解説します。住も衣と同じように「捨てる」を続けることが大切です。家の中の状態があなたのメンタルの状態だと思ってください。家がごちゃごちゃしていると、ストレスの原因になりクリアな思考ができません。アイデアも湧きにくくなります。「スッキリシンプルに」が鉄則です。

「捨てる」を続けると同時に、水回りもキレイに保ちましょう。昔から「トイレに神様がいる」とされているように、家の中で水回りはスピリチュアルな場所です。昔からある言い伝えや風水では、水回りを掃除すると運気がアップすると言われています。

あなたのキッチンやお風呂の排水溝は汚れていませんか？　トイレや洗面台は清潔ですか？　つい後回しにしがちな水回りを定期的に掃除することを心がけましょう。水回りをキレイにすると不思議とメンタルも落ち着いてきます。ぜひ定期的に掃除する習慣を身につけてください。

お金のメンタルが変化してくると、これまで住んでいる家や住んでいる地域が気に入らなくなることがあります。モノを捨てられるようになれば、もっと小さな部屋でも満足できるようになります。自分を見つめ直し、自分が好きなことが分かれば、それを実現しやすい場所に住みたくなります。

あなたの潜在意識が「もっと自分に合ったところに住みたい」と思っている証拠です。

その場合は思い切って引っ越しを考えてもよいでしょう。

家を選ぶポイントは3つです。**1つ目は「明るい家」を選ぶことです。** 日当たりのことだけではありません。部屋の間取りやにおい、立地などから明るさを感じられるかどうか、総合的に判断しましょう。人間にエネルギーがあるように土地にもエネルギーがあります。人によって相性もあります。「日当たりはいいけど何だか暗い」など、自分の直観も大事にして家が明るいかどうか判断しましょう。

2つ目は「隣人が暗くないこと」です。 マンションであっても戸建てであっても、隣人がどんな表情や服装をしているかチェックしましょう。元気な人と一緒にいれば元気になれるように、ネガティブな人が近くにいればその影響を受けてしまいます。見かけた隣人が鬱々とした表情を浮かべていたり、怒ったような雰囲気を出していたりすれば要注意です。あなたがそこに住めば、同じような人になってしまう可能性があります。

3つ目は「掃除しやすいこと」です。 家は間取りや構造、素材などによって掃除しやすさが変わってきます。水回りも汚れやゴミのたまりやすさが違います。やはり新しい家の方が掃除しやすいですが、古い家でもきちんと考えられていれば掃除しやすい場合があります。

掃除や整理整頓はメンタルを整える基本です。家を選ぶ際は、ぜひ掃除しやすいかどうかをチェックしてみてください。

日常のラッキーを積み重ねる

潜在意識が書き換わると、日常生活でラッキーな出来事が起こり始めます。例えば、ほしいと思っていた洋服がたまたまセールになって安く買えたとか、友人と一緒にレストランに入ったら窓際の心地よい席に通されて会話が弾んだ、といった出来事がありま す。

どうして日常でラッキーなことが増えるのでしょうか？　それはあなたがラッキーを手にしやすいマインドに変わったからです。ＷＯＲＫ６（１０１頁）で「自分はお金をもらってもいい人だ」と言い続けるワークがありました。そのワークを続けるとあなたは自分がお金を得ることを当然だと思うようになり、無意識のうちにお金が入るチャンスに目が向くようになります。

「どうせ自分なんて」と思っていれば、日常で起こる小さなラッキーを見逃してしまいます。反対に、雨が降って洋服が濡れたとか、同僚に嫌なことを言われたとか、アンラッキーなことばかりに意識が向かってしまいます。そしてまた「自分なんて……」と思ってしまうのです。

しかし、「自分は幸運を手にできる人だ！」と思っていると、小さなラッキーにも気づくことができるのです。日常では同じことが起こっていたとしても、マインドが変わったことでラッキーを発見する力が高まるのです。

自分に自信を持てるようになると、表情や振る舞い、服装が変わります。そうすると周りの人の対応も変わり、お店でよい席に通されるなど、小さなラッキーが起こりやすくなります。そして何回もラッキーが続けば「私はついている！」と思い、さらに自信を深めることができるのです。

本書のワークを続けても、必ずお金が入ってくるとは限りません。お金そのものというよりも、お金を得られるようなチャンスが訪れやすくなります。いきなり大きなラッキーが舞い込むのではなく、小さなラッキーが積み重なるようなイメージです。そのラッキーを一つひとつ手にすることで、豊かさの階段を一歩一歩上っていくことができるのです。

あなたが「別の仕事がしたい」と思っていれば、ふと目にした人材募集の広告がきっかけとなり、面接を受けることになるかもしれません。昔の知人とばったり出会い、あなたが始めるビジネスが成長するサポートを得られるかもしれません。人生の目標を持ち、その実現に向けて進んでいく中で、たくさんのラッキーがやってきます。そうしたラッキーをつかみ続けた先に、お金に悩まされない人生があるのです。

たくさんのラッキーが起こることに備え、メンタルのブロックを外しておくことも大切です。ブロックが多いと頭の中であれこれ考えてしまい、すばやく行動に移せません。そして、せっかくのチャンスを逃してしまうのです。ワークを通じてしっかりとブロックを外せていれば、チャンスを無駄にせずにつかみ取ることができるでしょう。

「ワークをやっているのに全然ラッキーなことが起こらない！」と嘆く人には、毎日3つのラッキーを探すようにすることをおすすめします。5つでもかまいません。朝起きて「今日は3つのラッキーを探そう」と決めて1日を過ごすのです。すると街を歩いているとき、買い物をしているときなどにラッキーを見つけられるようになります。意識的にラッキーを探していくと、あなたの生活がラッキーにあふれていることに気づくでしょう。

「自分軸」で生きよう

本書で紹介したワークを続けられた方は潜在意識のブロックや思い込みを外すことができたと思います。「自分なんて」という意識が強い人は自分を認めてあげるワークで、自分という人間に自信を持てるようになったのではないかと思います。

お金というのはモノやサービスを買うためのツールであり、ただの手段でしかありません。お金自体に良い悪いはありません。うまく使えなかったり固執してしまったりするのは、あなたのメンタルに原因があるからです。メンタルを改善できれば、お金の悩みは一気に解消できます。

お金の悩みだけでなく、人にはいろいろな悩みがあります。仕事、人間関係、恋愛、健康、将来への不安……。それらの悩みもすべてメンタルに原因があり、メンタルを変えれば悩みをなくすことができるのです。「悩むクセ」を手放すことが大切です。

あなたの悩みはあなたが作り出していることを知ってください。もし、夫婦関係がうまくいかずに悩んでいるとしたら、それは潜在意識で「今の関係が心地よい」と思っているからその状況が続いているのです。「夫婦関係が悪ければ自分が被害者として周りにグチを言える」などの理由で、その状況にいることを受け入れているのです。

頭で考えている顕在意識で、今の悩みから抜け出したいと願っているのであれば、潜在意識を変える努力が必要です。グチを言うだけでは潜在意識は変わりません。行動に移したり、言葉や思考のクセを変えたりする必要があります。「抜け出したい」という意識に徐々に変えるのです。そうすると顕在意識で実現したい現実を引き寄せられるようになります。

家族や友人などの人を変えることは難しいですが、自分の意識や行動は変えることができます。まずは自分を変えましょう。あなたがお金のメンタルを改善することができれば、その姿を見て「自分も変わりたい」と思う人が現れてくるでしょう。自分が変われば、世界も変わっていきます。

つまり「他人軸」ではなく、「自分軸」で生きるということです。あの人が悪い、あの人のせいなどと人に責任を押し付けることはやめましょう。身の回りで起こっていることは自分の軸のせいで起こっていると気づきましょう。

この世の中は映画のようなものです。世界はあなたが主役であり、あなたが世界を創っています。あなたの人生はあなたのものなのです。

あなたは映画を明るく演じることもできれば、落ち込んだまま悲しく演じることもできます。無表情でむなしい様子で演じることもできます。キャストである周りの家族や友人たちはあなたの演技に合わせて、いろいろな反応を見せてくれます。映画をどのように演じるかは、あなたの自由です。「自分の映画の演じ方は自分が決めている」。そんな自分軸の意識を持って日々を過ごせば、何か嫌なことがあったときに〇〇のせいなどと責任を押し付けることはしなくなるでしょう。

そうは言っても、目の前につらいこと、悲しいことがあると、自分が主役という意識を持てない場合もあると思います。自分は被害者だと感じてしまうでしょう。そんなときは「**起こっていることすべてに意味がある**」と思いましょう。

あなたが経験する苦労には、すべて意味があるのです。あなたがその苦労から学び、成長するために起こっているのです。それを疑わずに受け入れられることができれば、きっと乗り越えていけるはずです。「なぜ自分ばかりこんな目に遭うのだろう」と思ってしまうときに、「すべてには意味がある」ということを思い出してください。

使命を探す旅に出よう

あなたは自分が何のために生まれてきたと思いますか？

生きる目的は何だと思いますか？

私は人間誰もが人生のお役目や使命を持っていると思っています。そうしたお役目や使命を果たすことが人生の最高の幸せだと考えています。お金で悩む日々を送っているとそうしたことを考える余裕がありません。お金のメンタルが整った後は自分の人生について深く考える機会を持ってみましょう。

お役目や使命を知ることは、第四章のＷＯＲＫ22（１４９頁）でやった「自分を知る」

ワークの延長線上にあります。好きなこと、ワクワクすること、得意なことの先に、お役目や使命があるのです。WORK23（153頁）の「人生の目標を考える」にもつながってきます。

本書の締めくくりとして、5つの質問を紹介します。これらに答えることで、あなたは使命やお役目を見つけやすくなります。回答はいくつ書いてもかまいません。少し時間をかけて考えてみてください。

□小さいころから興味があるテーマやトピックは何ですか？
　環境やゲーム、料理など何でもけっこうです。
□世の中や社会で腹が立つこと、おかしいと思うことは何ですか？
□住みやすい社会と思うのはどんな社会ですか？
□自分が死ぬときに「やりきった！」と思いたいことは何ですか？
□幸せな気持ちで死ぬために、今からやった方がよいことは何ですか？

これらの質問に回答を終えたら、その回答を踏まえて今日から何ができるかを考えてみてください。小さなこと、ささいなことで大丈夫です。自分が満足そうな表情を浮かべて死ぬために、少しずつできることは何でしょうか。そのことをさっそく今日から始めてみましょう。ＷＯＲＫ24（156頁）でやった自分のビジネスを始めることが近いのであれば、ビジネスを着実に前に進めていきましょう。

お役目や使命でよく勘違いされるのは、仕事や職業に限らないということです。「私は教師になるのが使命だ！」というのは使命ではありません。教師になった後に、生徒をどう導きたいか。その先に使命があります。例えば、もっと具体的なことで、自分の親を救うことや、身近な草木を研究することかもしれません。

そして「これを終えたら使命完了！」というものでもありません。お役目や使命は年齢や状況に応じて、変化したり進化したりするものです。1つしかないという訳でもありません。複数の使命を平行して進めるということもあります。

今日からできる小さなことをコツコツ続けていくと、判断を迫られたり、悩んだりする出来事が目の前に起こります。それらに一つひとつ対応していくうちに、気づいたらお役目や使命をやっているという状態になります。

そして、生きる意味や目的が何か、定期的に思いをはせましょう。自分のお役目や使命がどんなものか頭の中でイメージしましょう。そうしないと忙しい日常に忙殺されて、使命の実現から遠ざかってしまいます。

そのうち自分の魂が喜んでいると思えるような瞬間が訪れます。ぜひ小さなことをコツコツ続けてみてください。

〈エピローグ〉

「お金」よりも大切なこと

私の人生の使命は「自分の使命に気づく人を増やすこと」です。ひとりでも多くの人に心の底からワクワクすることを見つけていただき、目を輝かせて生きていってほしいと考えています。そのために多くの人の相談に乗りながら、YouTubeでの情報発信やオンラインサロンの運営を続けています。本書もその使命の実現のために書かせていただきました。

九州の田舎で育った私は、小さいころから周りの大人たちの生き方を見て不思議に思っていました。

「なぜ毎日、暗い表情をして働いているのだろう」
「どうして会社に束縛された生活を送っているのかな」

がんばって働いているのにお金で頭を悩ませる日々を送り、やりたいことができない生活を送っている人がたくさんいました。

地元の高校を卒業後、東京の大学に進学した私は、弁護士事務所でアルバイトを始めました。そこでは弁護士のほか、顧客である大手企業の会社員など、いろいろな人と接する機会がありました。田舎から出てきた私は、東京でバリバリ働くエリートはさぞかし充実した人生を送っているだろうと思っていました。しかし、その考えはすぐに否定されました。

「毎日夜遅くまで働いていて子どもの寝顔しか見られない」
「接待続きで肝臓を壊したから病院に通っている」

身を削って働く彼らと話をすると、たくさんの不満を聞かされました。彼らは仕事でよい結果を残し続けて今の社会的なステータスを保ちたいという強迫観念に迫られ、険しい表情を浮かべながら日々を生きていました。

地元の大人も東京で出会ったエリートも、どちらも私には幸せそうに見えませんでした。お金を稼がないといけない、そのためには我慢しないといけないという思い込みに支配されていました。本当に好きなことや人生でやりたいことを考える余裕もなく、自分の人生を犠牲にして生きているように思えました。

世の中の多くの人はお金を目的にして働いています。「仕事にやりがいがある」と口では言っていても、もし働かなくても暮らせるだけのお金があれば、その仕事を続けるでしょうか。自分の心に嘘をついて生きている人がたくさんいます。お金をコントロールするのではなく、お金に支配されている人がほとんどではないでしょうか。

＊　＊　＊

使命の実現に向かって動き出すには、お金に支配されていてはいけません。そのためには自分はどんな人生を歩めば幸せなのか、どれくらいのお金が必要なのかをしっかり考えるべきです。そして自分がやりたい仕事をして、自分に合った量のお金を得ていくことが必要です。お金を目的ではなく手段としてとらえ、お金に固執せずにうまく使いこなすのです。その上でやっと自分が望む、自分らしい人生を歩むことができるのです。

本書のたくさんのワークを通じて、お金に愛されるメンタルの方程式を完成させるお手伝いができればうれしいです。そしてひとりでも多くの方が心からワクワクすることでお金を稼ぐ道を見つけ出し、お金の悩みから解放されていくことを願います。それが私の使命の実現になります。

最後に、チベット仏教の法王、ダライ・ラマ14世がお金と人生についてすてきなことを語っているので紹介します。

「金を稼ぐために健康を害し、今度は病を治すために、稼いだ金を使う。将来の心配ばかりをして、現在を楽しむことをしない。その結果、人々は現在にも未来にも生きていない。あたかも人生が永遠に続くかのように生きているが、真の意味での人生を全うすることなく死んでゆく」

あなたが過去や未来ではなく、「今」という人生の大切な瞬間を精一杯生きられることを心から祈っています。

2021年2月

愛をこめて　yurie

【著者略歴】

yurie（ゆりえ）

使命発見アドバイザー
スピリチュアル系 YouTuber
小さいころからスピリチュアルな感性を持ち、出産後に能力が開花する。「引き寄せの法則」などのメソッドで豊かな人生を実現させ、その手法や考え方を分かりやすく発信。多くの人が悩んでいる「お金とメンタル」について探究し続けている。19 年 2 月に YouTuber として活動を開始し、1 年間で登録者が 6 万人に到達。19 年末に始めたオンラインサロンは有料会員数が約 2000 人に膨らみ、日本有数の規模のサロンに育った。21 年に YouTube チャンネル名を「スピリチュアルカレッジ」に改め、活動の場を広げている。長崎県出身、青山学院大学卒、二児の母。

お金《かね》とメンタルの方程式《ほうていしき》

2021 年 3 月 21 日　初版発行
2021 年 4 月 9 日　第 2 刷発行

発行　**株式会社クロスメディア・パブリッシング**
発行者　小早川 幸一郎
〒151-0051　東京都渋谷区千駄ヶ谷 4-20-3 東栄神宮外苑ビル
https://www.cm-publishing.co.jp
■本の内容に関するお問い合わせ先 ……………… TEL (03)5413-3140 ／ FAX (03)5413-3141

発売　**株式会社インプレス**
〒101-0051　東京都千代田区神田神保町一丁目 105 番地
■乱丁本・落丁本などのお問い合わせ先 ……………… TEL (03)6837-5016 ／ FAX (03)6837-5023
service@impress.co.jp
（受付時間　10:00 ～ 12:00、13:00 ～ 17:00　土日・祝日を除く）
※古書店で購入されたものについてはお取り替えできません

■書店／販売店のご注文窓口
株式会社インプレス　受注センター ……………… TEL (048)449-8040 ／ FAX (048)449-8041
株式会社インプレス　出版営業部 ……………… TEL (03)6837-4635

印刷・製本　中央精版印刷株式会社
DTP　内山瑠希乃
ブックデザイン　金澤浩二
校正・校閲　小鳥舎
ISBN 978-4-295-40522-1 C2034